AF316811

HECHOS ASOMBROSOS

—— QUE ——

TE DEJARÁN SIN HABLA

UNA COLECCIÓN DE 1.000 CURIOSIDADES MÁS ABSURDAS Y SORPRENDENTES DE LA HISTORIA, LA CIENCIA, LA CULTURA ¡Y MUCHO MÁS!

Brice Brant

Special Art

Hechos asombrosos que te dejarán sin habla

Una colección de 1000 curiosidades más absurdas y sorprendentes de la historia, la ciencia, la cultura y mucho más

Brice Brant

Hardcover ISBN: 9791255530527
support@specialartbooks.com
www.specialartbooks.com

Contenido

Introducción

El universo está lleno de misterios, coincidencias disparatadas y maravillas científicas. Hay todo un mundo de aventuras ahí fuera, esperando a ser explorado. Si has empezado a leer este libro, quizá seas el tipo de persona a la que le gusta hacer preguntas o que quiere saber más sobre cómo funcionan las cosas. ¿Te has preguntado alguna vez qué pasaría si eructaras en el espacio? ¿O qué historias famosas se basan más en la ficción que en la realidad? ¿Y si fuera posible caminar sobre el agua? ¿Qué cosas asombrosas puede hacer tu cuerpo? ¿Tienen cosquillas los animales? ¿Qué es exactamente el planchado extremo? ¿Sabías que alguien pensó que el brócoli con sabor a chicle era una buena idea? Todas estas preguntas, y muchas otras en las que ni siquiera habías pensado, tienen respuesta en este libro.

Hay muchos hechos extraños y extraordinarios que descubrir sobre nuestro universo. Te sorprenderán todas las cosas increíbles que aprenderás en este libro: algunas te chocarán, otras te harán reír a carcajadas y las más repugnantes y perturbadoras te harán levantar la nariz. Sorprende a tus amigos, familiares y profesores con todos los datos insólitos que descubrirás sobre historia, ciencia, animales, geografía, espacio, nuestro increíble planeta, cultura pop, deportes y mucho más. Entonces, ¿nos vamos? Agárrate fuerte, ¡que empiece el extraordinario viaje!

Historia, una inmersión en el pasado

Érase una vez en la Tierra

○ Durante el siglo XVII, los bulbos de tulipán en Holanda eran tan valiosos que se utilizaban como moneda y su valor era a menudo superior al de una casa en Ámsterdam. Este periodo se conoció como la "Tulip Manía".

○ El bioquímico suizo Friedrich Miescher fue el primer descubridor del ADN en 1869, pero no fue hasta la década de 1940 cuando se supo, gracias a los experimentos de Oswald Avery, que el ADN contenía la plantilla genética humana. De hecho, muchos científicos creían que era químicamente demasiado simple para ser material genético.

○ Había un soldado japonés que no creía que la Segunda Guerra Mundial hubiera terminado en 1945. No se convenció hasta 1974. Se llamaba Hiroo Onoda y había sido entrenado para no rendirse nunca ante el enemigo. Cuando Japón capituló en 1945, Onoda pensó que era un engaño o un truco, así que siguió viviendo en la jungla a la que había sido asignado, creyendo que la guerra seguía. Los aviones incluso lanzaron panfletos a la selva diciendo que la guerra había terminado, ¡pero Onoda seguía sin creerlos! Pensaba que los panfletos eran propaganda del enemigo. Durante años, Onoda y otros tres soldados sobrevivieron a base de plátanos y cocos escondiéndose en cuevas subterráneas. Onoda fue declarado oficialmente muerto en 1959 porque nadie sabía dónde estaba. Permaneció en la jungla durante casi 30 años hasta que fue encontrado en 1974.

○ Los antiguos griegos creían que las personas pelirrojas se convertían en vampiros después de la muerte. ¿Por qué creían algo tan absurdo? Porque en la antigua Grecia la gente solía tener la piel aceitunada y el pelo oscuro. Las personas pelirrojas, en cambio, eran sensibles a la luz y muy pálidas, lo que hacía que, a ojos de los griegos, te parecieras sospechosamente a un vampiro. Así que decidieron que la única conclusión lógica era que esas personas se convirtieran en vampiros una vez muertas.

○ La bandera de Estados Unidos fue diseñada por un chico de 17 años. Se llamaba Robert G. Heft y la creó en 1958 para un proyecto escolar, incluyendo dos estrellas más que los estados de la época, porque predijo que Hawai y Alaska se unirían a Estados Unidos. Y acertó. Desgraciadamente, sólo obtuvo un notable por la tarea (apuesto a que su profesor debió de sentirse un poco tonto después). Sin embargo, Heft no se dio por vencido, envió su dibujo a la Casa Blanca y acabó siendo llamado por el mismísimo Presidente Eisenhower. El Presidente le dijo que su diseño se convertiría en el diseño oficial de la bandera a partir de entonces. ¡Así que no te enfades demasiado si obtienes una mala calificación!

○ La Universidad de Bolonia es mucho más antigua que el Imperio Azteca: abrió sus puertas a sus estudiantes en 1088. Sí, el Alma Mater Studiorum está considerada por muchas fuentes como la universidad más antigua del mundo aún en funcionamiento. La del famoso Imperio Azteca, por su parte, se dice que se fundó hacia 1325. Ambas son muy antiguas, ¡pero la Universidad de Bolonia lo es definitivamente más!

○ Hubo un tiempo en que se utilizaban como despertadores. Antes de los teléfonos móviles o los relojes, había personas que, por oficio, llamaban a la puerta o a la ventana de alguien para despertarle. Se llamaban "aldabas" y utilizaban largos palos para llegar hasta las ventanas altas y despertar a los clientes. A veces incluso tiraban piedras o guisantes a las ventanas. Se podía contratar a alguien como despertador personal, pero desgraciadamente no se podía pulsar el botón de "llamar".

○ Durante la Primera Guerra Mundial, los franceses construyeron un París falso para engañar a los bombarderos alemanes. Corría el año 1917 y la ciudad de París estaba peligrosamente cerca de intensos combates en el frente. El ejército alemán enviaba bombarderos durante la noche para realizar ataques sorpresa contra la población civil. Era una época aterradora para París. Sin embargo, a un ingeniero italiano llamado Fernand Jacopozzi se le ocurrió un ingenioso plan: sugirió que los parisinos construyeran un segundo París, una ciudad falsa, para engañar a los bombarderos alemanes.

○ La palabra "freelance" procede de guerrero mercenario, es decir, un soldado que lucha a sueldo. Los freelancers eran "lanzas libres" que ofrecían su lanza, o espada, al soberano que mejor les pagara. Hoy en día, el término "freelance" designa a una persona que trabaja por cuenta propia sin tener ninguna relación de dependencia con el cliente.

○ Existe un récord mundial para la persona que posee más récords mundiales. Sí, has leído bien. Se llama Ashrita Furman: ha batido más de 600 récords mundiales y actualmente ostenta 200. De niño se apasionó por los récords mundiales y decidió batir algunos de ellos. Con el tiempo se convirtió en poseedor de récords como el de "milla más rápida en un pogo stick" y el de "mayor tiempo haciendo el hula hoop bajo el agua". Estos son sólo algunos de los cientos de récords que ha batido.

○ El Titanic podría haberse salvado con una llave. La terrible tragedia es bien conocida: el Titanic chocó contra un iceberg y se hundió. Sin embargo, el accidente podría haberse evitado si alguien hubiera utilizado simplemente unos prismáticos. Pero los prismáticos estaban encerrados en la cofa, el punto más alto del barco. Sin embargo, la única persona que tenía las llaves no estaba en el barco, por lo que nadie pudo coger los prismáticos y divisar el iceberg antes de que el Titanic chocara contra él. ¿Quién hubiera pensado que una pequeña llave podría haber salvado a cientos de personas de la tragedia?

○ Nunca se dijo que el Titanic fuera insumergible. Cuando se cuentan historias sobre el Titanic, los narradores nunca olvidan el chiste sobre la insumergibilidad del infame barco. Sin embargo, ¡los creadores del infame transatlántico nunca lo afirmaron! De hecho, el Titanic era bastante desconocido para la mayoría de la población hasta que se hundió.

○ Uno de los diseñadores del Titanic estaba a bordo cuando se hundió. Su diseño original incluía esquemas de elementos del barco que habrían salvado cientos de vidas, pero los demás diseñadores y propietarios se negaron a utilizarlos. ¡Debió de maldecirles!

○ Quizá ya hayas visto algunos dibujos de los Padres Peregrinos que llegaron a Estados Unidos huyendo de la persecución en Europa el primer Día de Acción de Gracias de 1621. ¿Cómo te los imaginas vestidos? Si te los imaginas con un sombrero negro alto con una gran hebilla, ¡/estás equivocado! Aunque las imágenes populares los retratan así, los peregrinos no empezaron a llevar ese tipo de sombreros hasta el siglo XIX, mucho después del primer Día de Acción de Gracias.

○ Nueva Zelanda fue el primer país del mundo en conceder a las mujeres el derecho al voto en las elecciones generales, en septiembre de 1893. ¿Sabías que el sufragio femenino sólo se consiguió en Suiza en 1971 y en Arabia Saudí en 2015? Aún queda mucho camino por recorrer.

○ Durante la Gran Depresión de los años 30, la gente solía vestirse con sacos de harina. Entonces, las empresas que los distribuían decidieron hacerlos más brillantes y coloridos. Ah, ¡qué bonito gesto! Aunque me cuesta imaginar que un saco de harina pueda ser cómodo de llevar.

○ ¡Hasta los antiguos romanos iban al dentista! Nuestros antepasados eran capaces de construir puentes elementales que les permitían restablecer la función dental. Los médicos que se ocupaban de los dientes utilizaban fórceps y un instrumento llamado "tenáculo", una especie de pinza que servía para extraer las raíces de los dientes.

○ Los vaqueros del Viejo Oeste no llevaban sombreros de vaquero. Las películas nos mintieron. Al parecer, preferían bombines más pequeños y sencillos. Sin embargo, les gustaba llevar las emblemáticas botas de vaquero que aparecen en las películas. Además, como trabajaban duro, llevaban botas sencillas cuando trabajaban y botas finamente decoradas cuando iban a la ciudad.

○ El sonido más fuerte jamás registrado en la historia fue el de la erupción volcánica del Krakatoa en 1883. Se dice que las explosiones fueron tan violentas que pudieron oírse hasta Batavia, un pueblo situado a 130 kilómetros. Afortunadamente, la isla de Krakatoa estaba deshabitada y nadie resultó herido. Pero los habitantes de Batavia oyeron sonidos ensordecedores: ¡las puertas temblaban y los objetos de las casas seguían vibrando durante todo el día!

○ Las elecciones en la Ciudad del Vaticano son prerrogativa exclusiva de los hombres. En la Iglesia, de hecho, no se permite a las mujeres acceder a cargos institucionales y, a pesar de la apertura del Papa Francisco, esto no parece que vaya a cambiar por el momento.

○ Los antiguos griegos utilizaban un método de votación llamado ostracismo, que permitía a los ciudadanos votar si desterraban o no a uno de sus conciudadanos de la ciudad-estado durante un periodo de diez años. Este proceso pretendía evitar que una persona se hiciera demasiado poderosa y amenazara la estabilidad de la ciudad.

○ En una época, los médicos utilizaban sanguijuelas para tratar a los pacientes enfermos. Esta práctica, llamada sangría, se remonta a la antigua Grecia y Egipto. Los médicos creían que los problemas sanguíneos eran la causa de las dolencias, por lo que utilizaban sanguijuelas para extraer cierta cantidad de sangre de sus pacientes. Afortunadamente, hoy en día las sanguijuelas ya no forman parte del tratamiento hospitalario.

○ Alemania descubre unas 2.000 toneladas de bombas sin explotar al año. Entre 1940 y 1945, las fuerzas aéreas estadounidenses y británicas lanzaron unos 2,7 millones de toneladas de bombas sobre Europa, principalmente sobre Alemania. Aún hoy pueden encontrarse bombas sin explotar en zonas residenciales. La gente tiene que evacuar cuando se encuentra una porque su seguridad está en peligro. La bomba debe ser detonada por expertos.

○ El término "nazi" tiene su origen en un insulto que significa "campesino ignorante" y se utilizaba mucho antes de que Adolf Hitler llegara al poder. Por supuesto, los nazis no se llamaban a sí mismos campesinos ignorantes; ese nombre se lo dieron sus enemigos.

○ En 1952 se produjo un fenómeno conocido como el Gran Esmog de Londres y mucha gente tuvo dificultades para encontrar el camino de vuelta a casa. Nadie podía ver a través de la niebla tóxica que flotaba en las calles. Sin embargo, los ciegos estaban acostumbrados a no poder ver, así que acabaron ayudando a los demás a encontrar sus casas, ¡porque para ellos era un día más!

○ Antes del siglo XX, los niños vestían de rosa y las niñas de azul. Esto se debía a que el rosa se consideraba una versión más clara del rojo, que se asociaba con la ira y la guerra. El azul claro se consideraba un color más suave y delicado y se asignaba a las chicas.

○ En la antigua China, existía una práctica llamada chanzu, literalmente vendarse los pies. Las mujeres se vendaban los pies para impedir que crecieran, de modo que se quedaban pequeños para siempre, con el resultado de que no podían caminar mucho. Los pies vendados eran un símbolo de estatus, ya que las mujeres nobles no tenían que caminar. Se las consideraba aristocráticas y bellas por tener los pies muy pequeños.

○ ¿Sabía que el Palacio de Versalles, en Francia, se construyó originalmente como pabellón de caza para Luis XIII en 1624, y que sólo cuando Luis XIV lo amplió para convertirlo en un gran palacio a finales del siglo XVII se convirtió en el símbolo de la monarquía absoluta y de los excesos por los que se le conoce hoy en día?

○ En el año 120 a.C., un gobernante llamado Mitrídates VI estaba tan preocupado por ser envenenado que tomó pequeñas dosis de veneno a lo largo de los años para desarrollar inmunidad. No lo intentes en casa. Cuando Mitrídates fue capturado por sus enemigos, los romanos, intentó suicidarse con el veneno, pero fracasó porque había conseguido la inmunidad. Hablando de planes que salen mal.

○ El anuncio más antiguo que se conoce data del año 3.000 a.C. y se encontró en las ruinas de Tebas. Era un anuncio que prometía una moneda de oro a quien encontrara a un esclavo fugitivo llamado Sem. Pobre Shem. ¿Quizá era más un cartel de recompensa que un anuncio? Pero la buena noticia es que probablemente Shem se salió con la suya.

○ Se ha encontrado una tablilla de arcilla de más de 4.000 años de antigüedad, pero lo interesante no es su antigüedad. Al parecer, lo escrito en la tablilla es una queja de un cliente sobre un envío de cobre en mal estado y una solicitud de reembolso. La atención al cliente siempre ha sido un trabajo duro.

○ Se han encontrado municiones de honda de la Antigua Roma con la inscripción "Toma esto" en la superficie. En ellas estaba dibujado ΔΕΞΑΙ, que significa 'acepta/toma esto'; otras traducciones podrían ser 'ay' o 'esto es tuyo'. Estos objetos tienen más de dos mil años... ¡quienquiera que los hiciera debía de tener muy mal sentido del humor! Una prueba de que la humanidad siempre ha sido un poco irreverente.

○ En la época victoriana, los médicos solían recetar barbas para mantener sanos a los hombres. Creían que una barba poblada actuaba como un filtro que atrapaba las partículas nocivas de las enfermedades para que no entraran en el organismo. Se animaba a los hombres a dejarse crecer la barba con regularidad.

○ Cuando el partido nazi quemó por primera vez libros, uno de ellos era una obra de Heinrich Heine de 1821 que contenía la famosa frase: "Donde arden los libros, también arden las personas". Qué irónica y trágica resultó ser esa frase.

○ Se encontraron cebollas en los ojos de las momias de los faraones egipcios. Esto se debe a que las cebollas eran veneradas: se pensaba que sus capas y anillos representaban la vida eterna. Por lo tanto, al poner cebollas en los ojos del faraón, se esperaba que viviera para siempre.

○ En 1933, el Civilian Conservation Corps plantó 3.000 millones de árboles en Estados Unidos. Teniendo en cuenta todos los árboles que se han perdido a lo largo de los años debido a la expansión industrial, es bueno saber que, en compensación, se han plantado unos 3.000 millones.

O La moneda más cara del mundo es la Double Eagle de 1933, una moneda de oro de 20 dólares estadounidenses. Sin embargo, estas monedas nunca se pusieron en circulación y la mayoría fueron destruidas. Quedan nueve, una de las cuales se vendió en 2002 por 7.590.020 dólares.

O Al principio, los paraguas sólo los usaban las mujeres. Eran pequeños paraguas con adornos y volantes que los hombres se avergonzaban de usar. Preferían mojarse. Hasta que un hombre tuvo el valor de decir "¡Al diablo con esto!" y empezó a usar paraguas. Pronto todos los demás hombres se dieron cuenta también de que era apropiado protegerse de la lluvia.

O Una mujer que había perdido su anillo de boda lo encontró 16 años después en una zanahoria de su jardín. La única explicación es que había perdido el anillo en una bolsa de abono donde había zanahorias, y que finalmente una de esas zanahorias creció en su jardín con el anillo enrollado. ¡Qué suerte!

O Un hotel de Nueva Orleans ofreció una estancia de 15.000 dólares a quien consiguiera robar el objeto "más escandaloso" del hotel. Si alguien ganó o no el premio, no lo sé, pero parece un concurso bastante extraño... ¿por qué animar a tus clientes a robar en tu negocio?

O En Internet pueden venderse cosas realmente absurdas. Como un copo de maíz con la forma del estado de Illinois que se vendió en eBay por la friolera de 1.350 dólares. Vaya, ¡imagínate el coste de una caja entera!

O Érase una vez una empresa de galletas de la fortuna que consiguió predecir los números ganadores de la lotería. Ocurrió en 2005 y la empresa adivinó los números de la suerte al azar, sin ningún truco. Hasta 110 personas ganaron un premio de lotería.

O Seguro que has oído alguna vez la frase "Roma no se construyó en un día". Decimos esto para afirmar que las cosas extraordinarias necesitan tiempo para realizarse. Pero, ¿cuánto tiempo se tardó en construir Roma? Los historiadores calculan que se tardaron unos 1.009.491 días.

○ El origen del matrimonio es tan antiguo que los historiadores coinciden en que es anterior a la historia documentada. Los primeros indicios de una ceremonia matrimonial se remontan al año 2.350 a.C. en Mesopotamia.

Famosos

○ Abraham Lincoln fue campeón de lucha libre. Sí, al 16º presidente de los Estados Unidos le encantaba luchar en su tiempo libre. Rara vez perdió un combate de lucha libre, ¡sólo se registró una derrota en décadas! En 1992, fue reconocido formalmente en el Salón Nacional de la Fama de la Lucha Libre como: "Americano Destacado". ¿Te imaginas desafiar al Presidente en un combate de lucha libre?

○ Thomas Jefferson se rompió una vez la muñeca intentando impresionar a una chica. Intentó saltar una valla en París delante de una mujer llamada Maria Cosway, que era la chica que le gustaba. Lo sabemos porque William Franklin, hijo de Benjamin Franklin, escribió sobre el incidente. Durante el resto de su vida, Jefferson sufrió dolores en la muñeca y le resultó difícil escribir durante algún tiempo. ¡Las cosas que hacemos por amor! Por desgracia, Maria Cosway ya estaba casada, así que el pobre Jefferson nunca tuvo una oportunidad.

○ Es probable que María Antonieta nunca dijera: "Que coman pastel". La historia es la siguiente: el pueblo francés se moría de hambre y se quejaba de no tener pan, así que la reina, la infame María Antonieta, dijo: "Que coman pastel". Esto provocó un alboroto entre la gente común, que pensó que la reina era fría y cruel. Sin embargo, esta historia puede ser falsa. La frase "Que coman pastel" se citaba antes de la Revolución Francesa en varios países. Incluso aparece en un libro escrito cuando María Antonieta tenía sólo cinco años. Por lo tanto, la frase no puede atribuírsele a ella y no hay pruebas históricas de que la pronunciara.

○ Cristóbal Colón descubrió las Américas por error. En realidad estaba intentando encontrar las Indias Orientales (término antiguo para designar las partes de Asia cercanas al Océano Índico). Por eso los nativos americanos se llamaban "indios". Colón murió sin darse cuenta de su error.

○ ¿Sabías que Cristóbal Colón no fue el primero en descubrir América, como nos enseñan en la escuela? En realidad, fue un grupo de vikingos el primero en desembarcar en las costas de América. Este acontecimiento se atribuye a Leif Eriksson, que nació en Islandia y creció en Groenlandia. Alrededor del año 1.000 d.C., casi 500 años antes de Colón, Eriksson se desvió de su ruta de regreso desde Noruega, aunque algunos relatos afirman que no fue un accidente en absoluto. No está claro cómo ocurrió, pero sí sabemos que Eriksson acabó desembarcando en lo que hoy es Canadá. Leif, sin embargo, no parecía muy entusiasmado con su descubrimiento: el paisaje le parecía sumamente aburrido, hasta el punto de que bautizó la nueva tierra como Helluland, que en nórdico significa "Tierra de losas de piedra".

○ Los hermanos Wright, inventores del primer avión a motor, sólo volaron juntos una vez. Se prometieron que no volverían a volar juntos si se producía un accidente grave en el que ambos resultaran heridos o incluso murieran.

○ En 1954, el escritor Ernest Hemingway sufrió dos accidentes aéreos durante las mismas vacaciones, con sólo dos días de diferencia. Afortunadamente, sobrevivió a ambos. De hecho, Hemingway estuvo a punto de morir varias veces. Al parecer, una vez le dispararon mientras luchaba contra un tiburón. No sé cómo fue posible, pero después de todo, se trata de Hemingway, uno de los autores estadounidenses más aventureros de la historia.

○ Los cuadernos de Marie Curie son radiactivos. Marie Curie es conocida como la "madre de la física moderna". Fue la primera mujer en ganar un Premio Nobel gracias a sus logros en los campos de la física y la química, pero desgraciadamente murió en 1934 de una enfermedad llamada anemia aplásica. Se trata de una enfermedad muy rara causada por la radiación. Trabajó tanto con materiales radiactivos que todo lo que poseía se volvió radiactivo. Sus libros, ropa, muebles y apuntes de laboratorio se guardan en cajas de plomo porque nadie puede manipularlos con seguridad.

○ La Reina Isabel II era una experta mecánica. ¿Sabías que durante la Segunda Guerra Mundial la futura Reina sirvió como subalterna segunda, es decir, subteniente, en la rama femenina del ejército? Hay fotos de ella trabajando en coches, ejerciendo de mecánica de automóviles.

○ Si te presentaras a un concurso de imitadores como un imitador de ti mismo, ¿crees que sería posible perder? Desde luego que no, ¿verdad? Eso es exactamente lo que le ocurrió a Charlie Chaplin. Una vez participó en un concurso de imitadores de Charlie Chaplin y quedó en el puesto 20. Sin embargo, no llevaba su famoso sombrero ni su bigote, así que tiene sentido.

○ Richard Nixon, el 37° Presidente de los Estados Unidos, era un músico de talento. Este es un dato poco conocido sobre él. Tocaba cinco instrumentos: piano, clarinete, saxofón, violín y acordeón.

○ Al parecer, Rafael Sanzio, el famoso pintor del Renacimiento, era un poco hipocondríaco y, por miedo a caer enfermo, llevaba un diario de alimentos en el que anotaba todo lo que ingería.

○ Como Beethoven era sordo, cabe preguntarse cómo se las arreglaba para componer su música. Pues bien, ¡encontró una solución creativa al obstáculo! Mordía una barra metálica sujeta al piano o apoyaba la barra en su pierna. Esto le permitía sentir las vibraciones de la música, que utilizaba para componer sus bellas piezas.

○ Volvamos a hablar de artistas, pero demos un salto atrás en el tiempo. ¿Sabías que Lady Gaga compuso dos de sus piezas más famosas, "Born This Way" y "Just Dance", en sólo diez minutos?

○ Muchos creen que Cleopatra VII era egipcia porque fue la última faraona de Egipto. Sin embargo, según los historiadores, Cleopatra era de ascendencia griega. No es de extrañar, ya que formaba parte de la dinastía ptolemaica, de origen griego, que gobernaba desde Alejandría.

○ Juana de Arco inspiró una nueva moda: se cuenta que una vez se cortó el pelo porque las voces de su cabeza se lo ordenaban. De ahí surgió el famoso bob. Así que, cuando alguien luce un elegante corte de pelo bob, en realidad está siguiendo los pasos de Juana.

○ Sempre a proposito di Giovanna d'Arco, quella delle voci nella sua testa è una storia molto intrigante. Alcuni medici moderni oggi le diagnosticano una possibile schizofrenia. Intorno ai dodici anni Giovanna iniziò a sentire voci e ad avere visioni, che interpretò come segni divini. Quelle voci la istruirono a combattere per il suo Paese e a salvare la Francia dagli invasori inglesi.

○ Hai mai sentito parlare di Winston Churchill? Era il Primo Ministro del Regno Unito negli anni '40 ed era noto per le sue cattive abitudini. Pare che Churchill fumasse tra gli 8 e i 10 sigari al giorno. Tuttavia, visse fino a 90 anni!

○ Uno scienziato di nome Jon Snow è diventato il padre della moderna epidemiologia dopo aver dimostrato che l'acqua era la causa di molte malattie, come il colera. Questo avvenne nel 1850 a Londra. Fino ad allora, la maggior parte delle persone pensava che molte malattie fossero causate dall'aria cattiva.

○ Sapevi che il Presidente degli Stati Uniti Ronald Reagan è stato un grande bagnino che ha salvato 77 persone dall'annegamento? Naturalmente non tutti in una sola volta, ma nell'arco del suo lavoro di bagnino. Pare abbia salvato circa 77 persone dall'annegamento nelle acque del fiume Rock River, nella sua città natale, Dixon, Illinois.

○ Cuando piensas en un genio, ¿quién te viene a la mente? Seguro que Einstein. Pues debes saber que el físico alemán era disléxico y tenía una memoria terrible.Sin embargo, la revista TIME lo nombró Persona del Siglo en 1999.

○ El pirata más prolífico de la historia fue una mujer. Se llamaba Ching Shih (o Zheng Shi) y controlaba la infame Flota de la Bandera Roja. No sabemos mucho de su vida antes de convertirse en pirata, pero los historiadores saben que era una mujer fuerte e independiente. Se casó con otro pirata llamado Zheng Yi, que al principio mandaba la Flota de la Bandera Roja. Éste vio lo hermosa que era y quiso casarse con ella, a lo que Ching Shih respondió: "Me casaré contigo, si pero sólo si puedo comandar tu flota pirata junto a ti".Estoy parafraseando, pero da la idea. Con el tiempo, la flota pirata pasó de 200 a unos 1.700 barcos. Bajo su mando había unos 60.000 piratas.Bastantes piratas feroces para manejar, ¡pero Ching Shih de alguna manera lo logró!

○ Además de ser uno de los dictadores más terribles de la historia, Hitler era también un aspirante a artista: tenía la afición de pintar a la que se dedicó durante una década a partir de 1904. Sin embargo, fracasó dos veces en la Academia de Bellas Artes de Viena y tuvo que abandonar sus aspiraciones. Después de la guerra, sus cuadros inspirados principalmente en el clasicismo grecorromano, el Renacimiento italiano y el Neoclasicismo se vendieron por decenas de miles de dólares.

○ Pocahontas nunca se enamoró de John Smith. La historia de amor que conocemos por la película de Disney nunca sucedió. John Smith sólo permaneció dos años en Virginia, donde realmente conoció a Pocahontas.

John escribe que el padre de ella, el jefe de la tribu, estaba a punto de ejecutarle, pero que ella le salvó. Sin embargo, sus antiguos escritos no muestran ningún romance entre ambos.

○ La primera alcaldesa de los Estados Unidos sólo se presentó a las elecciones como broma. Se llamaba Susanna Salter y tenía fama de ser una mujer de carácter fuerte. Algunos hombres de Argonia, Kansas, la incluyeron en la papeleta de la alcaldía como una broma. Sin embargo, la mujer no tardó en recibir la noticia de que había ganado: ¡era la nueva alcaldesa! Esto demuestra que jugar malas pasadas nunca sale bien.

Animales que han hecho historia

○ En el antiguo Egipto, se creía que los gatos eran especiales y se les trataba como a deidades. Si alguien dañaba o mataba a un gato, aunque fuera por accidente, podía ser castigado muy severamente. Así pues, los gatos eran muy importantes y apreciados en el antiguo Egipto.

○ El ave más grande que jamás haya existido tenía una envergadura de unos 6 metros y vivió hace 60 millones de años. Se llamaba Pelagornis Sandersi y era el doble de grande que cualquier ave actual. ¿Te imaginas ver uno en el cielo? Parecería un avión.

○ El lugar donde fue asesinado Julio César es ahora un santuario para gatos. Se llama Torre Argentina, en el centro de Roma, y puedes visitar a los gatos e incluso adoptar uno. Una forma muy bonita de hacer olvidar un asesinato.

○ En el Selwyn College de Cambridge, los perros están prohibidos. Sin embargo, un perro salchicha ha encontrado una escapatoria a las normas.

Se llama YoYo y se describe oficialmente como "un gato muy grande". No sé cómo lo ha conseguido su dueño.

○ Un hombre llamado Alexander von Humboldt aprendió un idioma que no se utilizaba desde hacía años. ¿Cómo lo consiguió? Con un loro. Mientras viajaba por la selva venezolana, Humboldt se detuvo en una tribu donde había muchos loros. Observó que uno de ellos parecía hablar un idioma diferente; le dijeron que el ave pertenecía a una tribu vecina que se había extinguido. Tras charlar con el loro, Humboldt grabó 40 palabras y consiguió evitar que la lengua se perdiera.

○ En una ocasión, el Papa Gregorio IV declaró la guerra a los gatos. Este Papa del siglo XIII creía que los gatos negros eran agentes del diablo, por lo que decretó su exterminio. Sin embargo, la reducción de la población felina provocó un aumento de la población de ratas portadoras de enfermedades. Así que su aversión a nuestros amigos felinos le salió por la culata. Debía de ser de los que preferían a los perros.

○ Un caballo estuvo a punto de ser cónsul en la Antigua Roma. Un cónsul era un cargo político muy importante. El emperador Calígula quería tanto a su caballo, Incitatus, que intentó nombrarlo cónsul. Quizá Calígula estaba un poco loco, o quizá sólo se burlaba de todos diciendo que su caballo podía hacer un trabajo mejor que el de ellos. Quién sabe si habría sido un buen político o no.

○ Durante la Segunda Guerra Mundial, los soldados polacos hicieron de un oso parte de su unidad. La 22ª Compañía de Transporte de la División de Artillería del 2º Cuerpo Polaco encontró un oso de 200-300 kg al que llamaron Wojtek. Se convirtió en la mascota de los soldados y en una gran inyección de moral, ¡haciendo felices a todos los que le rodeaban! Sin duda, Wojtek cumplió dignamente con su deber en el ejército.

○ Mickey Mouse no fue dibujado por Walt Disney. El ratón fue idea suya, pero no fue Walt quien dibujó al icónico personaje. Se lo debemos a Ub

Iwerks. Iwerks fue en su momento el animador jefe de Disney y el mejor amigo de Walt Disney, con quien trabajó en varios trabajos y proyectos comerciales a lo largo de los años. Así pues, cuando ves a Mickey Mouse, estás viendo la obra de Ub Iwerks.

○ Los antiguos egipcios pensaban que los dioses podían encarnarse en ciertos animales, por lo que los embalsamaban como si fueran personas. Los museos conservan varias momias de escarabajos peloteros, gatos, toros, cocodrilos y más.

○ Un famoso jefe nativo americano amaba tanto a su caballo que se dice que lo enterraron sentado en él. Su nombre era Caballo Loco, muy apropiado para un hombre que acabó siendo enterrado montado en su animal. Aunque dudo que el caballo estuviera encantado.

○ ¿Has utilizado alguna vez la excusa de "el perro se ha comido mis deberes"? Pues resulta que sí es posible. El perro del genial escritor estadounidense John Steinbeck se comió el primer borrador de uno de sus libros más famosos, De ratones y hombres. Ese perro destrozó dos meses de trabajo y casi impidió que el libro se terminara y publicara. ¿Se ha comido alguna vez tu perro algo tan importante?

○ Un poeta tenía un oso en su habitación de la universidad. Lord Byron era un tipo raro, pero un poeta de talento. Entre 1805 y 1808 estudió en el Trinity College de Cambridge. Este colegio tenía una norma que Lord Byron odiaba: no permitía perros en los dormitorios. Así que, para rebelarse, Lord Byron compró un oso domesticado y lo llevó a su dormitorio. Técnicamente, no estaba infringiendo las normas. Al fin y al cabo, la norma era "perros no", ¡no osos!

○ Puede que los escarabajos peloteros no parezcan muy atractivos, pero los antiguos egipcios los consideraban sagrados. Estos pequeños insectos ponían sus huevos en el estiércol y, cuando el sol lo calentaba, los huevos eclosionaban. Los egipcios creían que esto demostraba el poder del sol y, como muchas civilizaciones, pensaban que el sol era un dios. Por lo tanto, los escarabajos peloteros mostraban el poder fértil del sol para hacer surgir una nueva vida. Quizás un poco inusual, pero la lógica es obvia.

○ En 1997, un gato naranja llamado Stubbs fue elegido alcalde honorario de Talkeetna, Alaska. Ocupó el cargo durante años y se convirtió en un ciudadano muy querido de la ciudad. Quizá podría haber sido candidato a la presidencia.

Los misterios sin resolver de la historia

○ En 1587, unos colonos ingleses llegaron a América y fundaron un pequeño pueblo. Éste sería el primer asentamiento inglés permanente en América y se llamó Colonia de Roanoke. Lo curioso es que en 1590, los colonos desaparecieron, dejando tras de sí muy pocas pistas sobre lo ocurrido. Una de las dos pistas que dejaron fueron las palabras "Croatoan" grabadas en un poste y la palabra "Cro" grabada en un árbol. "Croatoan" podría referirse al lugar al que emigró la colonia, la isla Croatoan, hoy conocida como isla Hatteras. Hay muchas teorías sobre por qué desapareció esta gente. La causa podría haber sido una enfermedad o quizás un ataque de los nativos americanos. Sin embargo, aún desconocemos la verdad y, lo más probable, es que nunca la sepamos.

○ Existe un fenómeno conocido como barcos fantasma, en el que se encuentra un barco abandonado en alta mar sin nadie a bordo. El barco fantasma más famoso es el Mary Celeste. El 5 de diciembre de 1872, el Mary Celeste fue descubierto por otro barco, a la deriva y sin ninguno de sus siete tripulantes. Se han barajado muchas teorías sobre lo ocurrido; algunos afirman que fueron fantasmas, otros un monstruo marino. Sin embargo, aún hoy nadie está seguro de lo que ocurrió realmente a bordo del Mary Celeste.

○ Existe un texto antiguo que nadie ha sido capaz de descifrar. ¿Has oído hablar alguna vez del Manuscrito Voynich? Se le conoce comúnmente como el libro más misterioso del mundo. Fue redescubierto en 1912 por un comerciante de libros raros, después de desaparecer y reaparecer a lo largo de la historia. En su día estuvo en la biblioteca de un emperador del Sacro Imperio Romano Germánico. Sin embargo, nadie que lo haya visto es capaz de descifrar su significado. Está escrito en un idioma que nadie reconoce y tiene ilustraciones que no dan ninguna pista sobre lo que dice. El Manuscrito Voynich data del siglo XV y sus páginas contienen desconcertantes dibujos de personas y plantas en una vívida gama de colores.

○ Las cabezas de la Isla de Pascua, los famosos moai, tienen cuerpo. Una locura, ¿verdad? Se llaman cabezas de la Isla de Pascua, así que uno supondría que eso es todo lo que hay. Pero en 1914, los arqueólogos descubrieron que las cabezas de las estatuas gigantes estaban unidas a cofres bajo tierra. ¿Cómo llegaron los cuerpos bajo tierra? Probablemente los cubrió la erosión a lo largo de los siglos. Los cuerpos tienen una forma similar a las cabezas, como rectángulos alargados. Así que, en su día, los moai eran aún más altos e imponentes que ahora.

○ ¿Sabías que sólo hay unos cinco milenios de historia humana documentada? Los humanos no empezaron a documentarlo todo hasta hace unos 5.000 años. Gracias a los descubrimientos científicos, sabemos mucho sobre el mundo del pasado, pero en cuanto a lo que les ocurrió a los pueblos y culturas de la prehistoria, sabemos muy poco. Hay mucho misterio en el pasado de la Tierra; quizá seas tú quien lo desvele.

○ En Sudáfrica hay unas esferas de metal llamadas esferas de Klerksdorp. Tienen líneas y marcas en todos los lados, pero nadie ha sido capaz de explicar su origen. Al parecer, se remontan a una época anterior a la humanidad.

○ Un petroglifo egipcio de mil años de antigüedad representa un helicóptero, y nadie puede explicar cómo es posible. Esto ha llevado a algunas personas a creer que los viajes en el tiempo o los extraterrestres son reales. Los petroglifos se llaman Grabados de Abydos y representan una intrincada escena de... ¿aviones? Incluso hay algunos que parecen submarinos, helicópteros y ¡hasta ovnis! Sin embargo, los científicos afirman que estos petroglifos sólo se parecen a la tecnología moderna porque ha habido un proceso de erosión a lo largo del tiempo y varias generaciones de escultores han añadido detalles a los grabados. ¿Qué opinas al respecto? ¿Crees en los viajes en el tiempo o en los extraterrestres?

○ Nadie ha encontrado nunca la tumba de Cleopatra VII. Historiadores y arqueólogos de todo el mundo han debatido acaloradamente sobre el lugar de descanso de la famosa reina. Por desgracia, su tumba se ha perdido y las posibilidades de encontrarla parecen escasas. Los escritores antiguos afirman que fue enterrada con Marco Antonio, pero no especifican dónde. Algunos historiadores creen que fue enterrada cerca de Alejandría, lo que significa que su tumba está ahora sumergida.

○ En 1518, una epidemia de baile asoló una ciudad entera. Los habitantes de la ciudad de Estrasburgo se encontraron bailando sin poder parar. Unas 400 personas bailaron hasta que les sangraron los pies. Los historiadores siguen sin saber qué causó aquella extraña epidemia y por qué no volvió a repetirse.

○ Shugborough Hall, en Staffordshire (Inglaterra), lleva la inscripción "DOUOSVAVVM", pero el significado de esas letras sigue siendo un misterio. Algunos historiadores creen que la dejaron los templarios para localizar el Santo Grial.

○ Quizá hayas oído hablar del faraón egipcio Tutankamón, cuya tumba fue descubierta en 1922 por Howard Carter. Fue un descubrimiento arqueológico extraordinario, ya que la tumba contenía más de 5.000 objetos, ¡incluida la momia del propio rey! Pero, ¿sabías que, según los historiadores, el faraón pudo ser asesinado por un hipopótamo? Al parecer, el rey de 19 años era un ávido cazador de hipopótamos, un deporte popular en el Antiguo Egipto. Por suerte para el hipopótamo, pero por desgracia para él, ¡parece que fue el hipopótamo el que pudo con él!

○ Un centenar de personas afirmaron que era el hijo perdido de María Antonieta, la Delfina. ¿Por qué harían algo así? Para reclamar el trono, por supuesto. Si alguien hubiera conseguido hacer creer al mundo que era el Delfín, podría haberse convertido en el próximo rey de Francia.

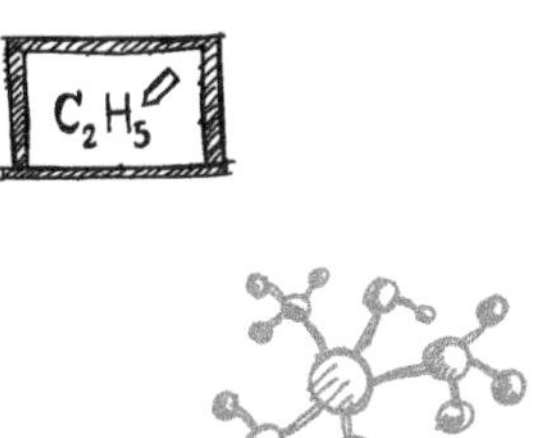

Curiosidades científicas

Todo tipo de ciencia

- ¡La mayor parte del oxígeno de la Tierra procede del océano! Se suele creer que las selvas tropicales son las que más oxígeno producen, pero en realidad es el océano el que más produce. El plancton, las algas y otros organismos vegetales del océano son a los que debemos agradecer la mayor parte del aire que respiramos.

- Una nube puede pesar unos 500.000 kilos. Por increíble que parezca, ¡es cierto! El peso de las nubes se debe al peso de las gotas de agua y a la densidad del aire. Por eso, las nubes no son tan ligeras, esponjosas y suaves como parecen.

- El suelo bajo nuestros pies rebosa vida. Cada vez que caminas al aire libre, puedes pisar miles de microorganismos. No sólo hay lombrices en el suelo, sino también insectos diminutos y organismos aún más pequeños que componen la tierra. Es la mayor masa de organismos conocida por el hombre.

- Durante el verano, la Torre Eiffel se hace unos 15 centímetros más alta. Cuando sube la temperatura, se produce un fenómeno llamado dilatación térmica. El volumen de la estructura aumenta ligeramente.

- Los elásticos duran más cuando están refrigerados. Cuando están fríos, los polímeros de su interior se relajan aún más. Si estiras una goma elástica, se calienta por la actividad y se desgasta más rápidamente.

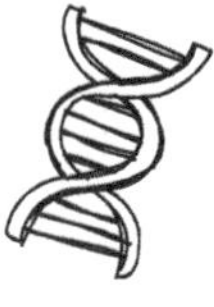

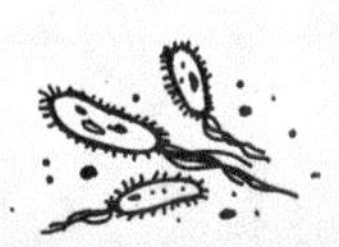

○ ¿Sabías que las personas que viven en el ecuador se mueven más deprisa, mientras que las que viven en el Polo Norte o en el Polo Sur están perfectamente quietas? Las personas que viven en la Antártida, normalmente científicos que investigan la tierra, no se mueven con la Tierra.

○ El mayor terremoto del mundo sacudió Valdivia (Chile) en 1960. Dejó sin hogar a cerca de 2 millones de personas. Fue un terremoto de magnitud 9,5. Nunca se ha repetido un seísmo de tal intensidad.

○ Mediante el estudio de las rocas encontradas en la Tierra y la Luna, los científicos han calculado que la Tierra existe desde hace 4.500 millones de años. Para ello utilizaron una técnica llamada "datación radiométrica".

○ ¿Sabes por qué hay estaciones? Porque la Tierra está inclinada 23,4 grados sobre su eje, que es una línea imaginaria que va del Polo Norte al Polo Sur. Debido a su inclinación, los distintos hemisferios reciben diferentes cantidades de luz solar en diferentes épocas del año. A medida que la Tierra orbita alrededor del Sol, la zona expuesta al Sol experimenta el verano.

○ ¿Sabías que en los años 50 una mujer fue alcanzada por un meteorito de cuatro libras? Y lo más loco es que Ann Hodges, la desafortunada, sólo salió con un feo hematoma.

○ La ráfaga de viento más rápida jamás registrada fue de 407 kilómetros por hora. Ocurrió en la isla de Barrow, Australia, sobre las 18.15 horas del 10 de abril de 1996. Espero que no hubiera nadie fuera en ese momento.

○ Las previsiones de aumento del nivel del mar indican una subida del nivel de las aguas a lo largo de las cosas de entre 50 centímetros y un metro para finales de siglo.

O Hemos encontrado nuevas criaturas nunca antes descubiertas en los volcanes de aguas profundas. Pero en su mayoría son bacterias y cosas tan pequeñas que se necesitaría un microscopio para verlas.

O Hablando de volcanes de aguas profundas, ¿sabías que existen volcanes submarinos? Los científicos calculan que hay más de un millón. La buena noticia es que la mayoría se han extinguido; de hecho, sólo un centenar han entrado en erupción en los últimos 11.000 años.

O El aumento de la radiación ultravioleta ha deteriorado la capa de ozono en los últimos años y esto ha provocado que algunas flores de todo el mundo cambien de pigmentación y color. Así lo ha descubierto un equipo de investigación estadounidense que ha analizado una colección de flores de más de 1.200 muestras de 42 especies diferentes, recogidas entre 1941 y 2017 en Norteamérica, Europa y Australia.

O ¿Sabías que la odontología es uno de los oficios más antiguos del mundo? Los científicos han encontrado pruebas de trabajos dentales en cráneos de hace 9.000 años.

O Se dice que una sala de la sede de Microsoft en Redmond (Washington) es uno de los lugares más silenciosos del mundo. Se trata de una sala de laboratorio donde se prueban tabletas y dispositivos para asegurarse de que son lo más silenciosos posible.

O Sólo hay un país en el mundo que no utiliza oficialmente el sistema métrico decimal: Estados Unidos. Antes había muchos otros, pero acabaron cambiando para adaptarse al resto del mundo. Países como el Reino Unido utilizan oficialmente el sistema métrico, pero también emplean millas y otras medidas imperiales.

O Los expertos en cambio climático creen que la capa de ozono de la Tierra se recuperará por completo en 50 años. ¡Qué buena noticia!

○ El país con mayor número de terremotos suele ser Japón. Todo el país es una zona sísmica muy activa, más que ningún otro lugar del mundo. Cada año se producen unos 1.500 terremotos.

○ ¿Sabía que es posible crear arrecifes de ostras? El mayor arrecife artificial del mundo se encuentra en Maryland. Se creó porque la sobrepesca estaba destruyendo los arrecifes naturales, así que los científicos crearon un arrecife artificial para restablecer el equilibrio del ecosistema.

○ Una niña de diez años creó accidentalmente una nueva molécula como parte de un proyecto escolar de ciencias. En 2012, Clara Lazen creó un complejo diagrama de una molécula construida al azar con bolas y palitos que representaban los átomos de carbono, nitrógeno y oxígeno. Preguntó a su profesor si había creado una molécula real, pero él no estaba seguro. Así que la envió a analizar y resultó ser una molécula real, ¡nunca antes descubierta! La molécula se conoce como tetranitratoxicarbono y tiene muchas propiedades interesantes, ¡incluso la de ser explosiva! Quizá seas tú quien haga el próximo descubrimiento científico increíble.

○ ¿Tienes dificultades con la tabla de multiplicar del 9? ¡Aquí tienes un truco que puede ayudarte! Empieza por levantar los dedos y bajar el meñique izquierdo. Esto es 1 x 9 = 9. A continuación, vuelve a levantarlo y baja el anular izquierdo: esto es 2 x 9 = 18. Luego, bajando sólo el dedo corazón izquierdo, obtienes 3 x 9 = 27. Continúa así y obtendrás toda la tabla.

○ El agua justo al lado del océano contiene más de 10 millones de virus. Sin embargo, cuanto más te alejas de la costa, menos virus hay. A unos 4.000 metros de profundidad, sólo hay unos 100.000 virus. Pero no hay que preocuparse demasiado por esta cifra; la mayoría de estos virus son inofensivos para el ser humano.

○ Al principio, las aspiradoras eran tan pesadas que había que transportarlas de una casa a otra en carros tirados por caballos. No mucha gente podía permitirse aspirar sus casas.

○ Alfred Hitchcock, famoso director de muchas películas de suspense y terror, tenía miedo a los huevos. Es lo que se conoce como ovofobia, una fobia bastante rara y también un poco absurda, diría yo. Me pregunto de qué tenía miedo. ¿Quizá a la temida clara del huevo, tan gelatinosa y chorreante?

Química: el mundo es su laboratorio

○ Sólo una letra del alfabeto inglés no aparece en la tabla periódica. Se trata de la letra J. Esto se debe a que la letra J no se utiliza en latín.

○ Algunos metales explotan cuando entran en contacto con el agua. Cuando se arroja un metal alcalino al agua, se produce una explosión porque el metal se funde y genera una cantidad extrema de calor, transfiriendo electrones al agua. También genera vapor y forma iones de hidróxido e hidrógeno, que son inflamables.

○ El agua se expande cuando se congela, por lo que un cubito de hielo ocupa aproximadamente un 9% más de volumen que el agua utilizada para producirlo.

○ Muchos elementos radiactivos brillan en la oscuridad, aunque no siempre lo hacen de un color visible a simple vista. Sin embargo, hay formas de convertir este color en algo que podamos ver: basta con mezclar un elemento radiactivo con una sustancia llamada "fluor" para que brille. Un fluor es una sustancia que emite luz visible cuando se estimula.

○ El nombre químico del agua es monóxido de dihidrógeno. Sin embargo, este nombre rara vez se utiliza porque es más fácil decir "agua". Algunos científicos llaman al agua monóxido de dihidrógeno sólo por diversión. De hecho, en 1983, para gastar una broma del día de los inocentes, un

periódico informó de la presencia de monóxido de dihidrógeno en el suministro de agua de la ciudad, ¡y algunas personas pensaron que había sustancias químicas peligrosas en el agua potable!

○ El elemento más raro de la corteza terrestre es el astato. Sólo se encuentra como producto de desintegración de otros elementos más pesados. Es extremadamente radiactivo y se desintegra muy rápidamente.

○ ¿Sabías que el helio es más ligero que el aire? Por eso los globos de helio vuelan tan alto. ¿Y sabías que, cuando se inhala, el helio puede distorsionar la voz? De hecho, cuando hablas, los tonos más agudos resuenan más en el tracto vocal y se amplifican. De este modo, suenan más altos. En la práctica, funciona como un altavoz que hace que la voz suene aún más fuerte.

○ Si huele algo extraño después de una tormenta, podría ser ozono producido por un rayo. El ozono se crea cuando los rayos rompen las moléculas de oxígeno de la atmósfera. Por tanto, ese olor a "limpio" o a "picante" que huele después de una tormenta es en realidad ozono producido en el aire.

○ El vidrio se define como un sólido amorfo, es decir, que carece de la estructura molecular de los sólidos reales. Algunos incluso han especulado con que se trata de un líquido de movimiento muy lento, pero su estructura es demasiado rígida e irregular para ser considerado un verdadero líquido.

○ Vierte un puñado de sal en un vaso de agua y el nivel del agua descenderá. El agua salada es imbebible porque hay menos agua y más sal, lo que significa que cuanto más se bebe agua salada, más deshidratado se está.

○ Los diferentes colores de los fuegos artificiales se obtienen utilizando sales de diferentes metales y minerales. El bario produce un verde brillante, mientras que el estroncio da un rojo intenso. El cobre produce colores azules y el sodio amarillos.

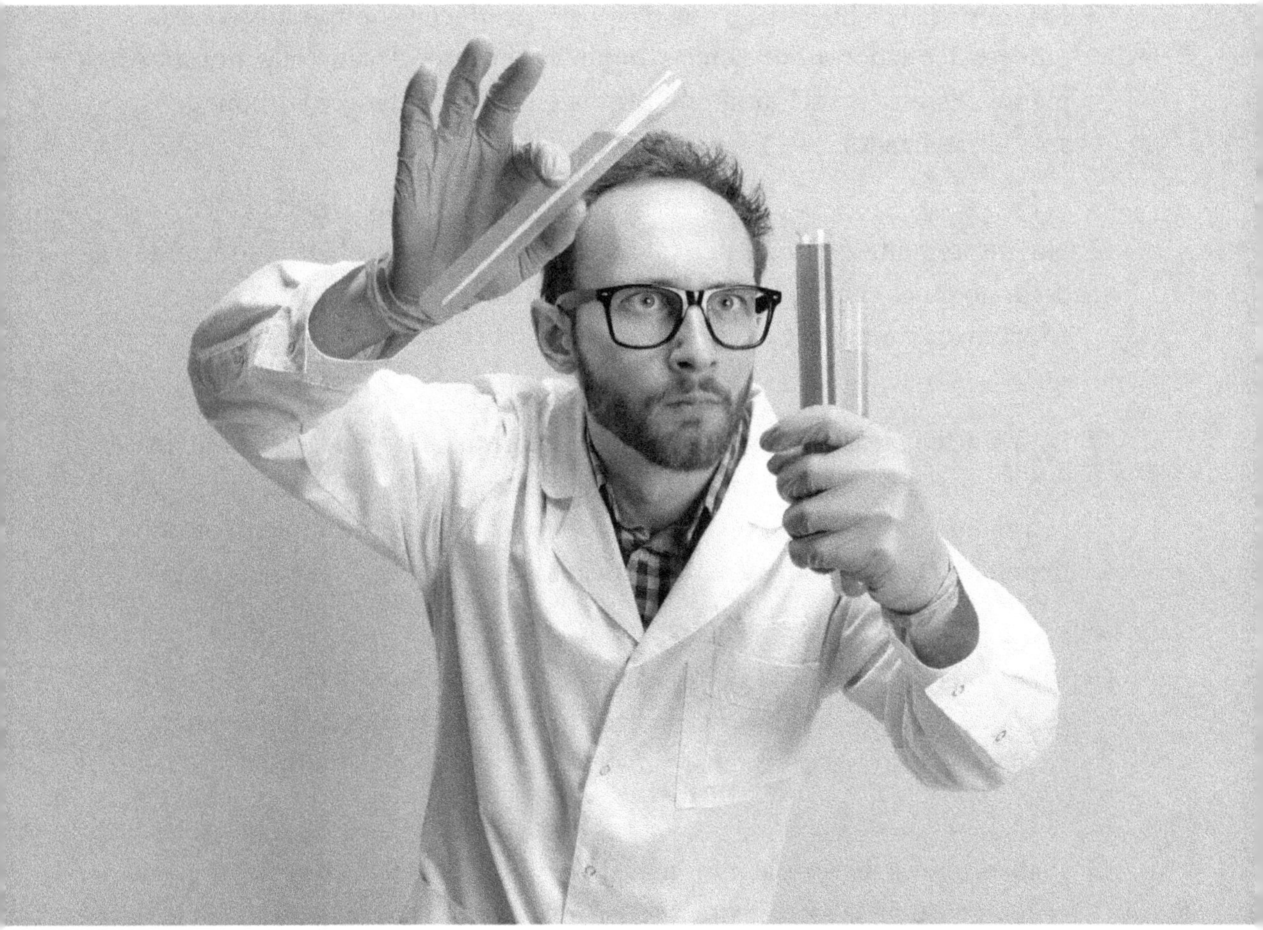

○ ¿Sabías que puedes fundir un trozo de metal sólo con las manos? Se trata del galio, que tiene una temperatura de fusión de unos 30ºC. Dejándolo al sol en verano se conseguiría el mismo resultado.

○ ¿Por qué utilizamos jabón para limpiar? Porque las moléculas de jabón atrapan la suciedad en su compuesto cuando entran en contacto con el agua.

○ El plomo puede convertirse en oro. Todo lo que se necesita es un acelerador de partículas y una enorme cantidad de energía. Sin embargo, la cantidad de oro que se obtendría sería tan pequeña que no merecería la pena. Este proceso se denomina transmutación, que significa convertir un elemento en otro.

 37 

○ Las monedas no huelen. Lo que olemos lo producen compuestos volátiles que reaccionan con sustancias orgánicas, como el sudor de nuestras manos. Es esta reacción la que produce el olor metálico; la moneda es sólo el catalizador.

○ No me preguntes por qué, pero alguien ha calculado que habría suficiente carbono en el cuerpo humano para producir grafito para 9.000 lápices. Afortunadamente, hay mejores formas de fabricar lápices.

○ Lo que hace picantes a los chiles es una molécula que contienen llamada capsaicina. Esta molécula irrita a la mayoría de los mamíferos, pero extrañamente no tiene ningún efecto en las aves, que simplemente no tienen los receptores para activar la capsaicina.

○ Cuando el dióxido de carbono está en estado sólido, se llama hielo seco. ¿Por qué? Porque cuando desaparece, no se funde: en lugar de convertirse en agua, el hielo seco se transforma en gas.

○ ¿Sabías que es imposible hundirse en el Mar Muerto? Esto se debe a que el contenido de sal es tan alto que los niveles de densidad garantizan que el cuerpo humano pueda flotar. ¿Sabía que el Mar Muerto no es un mar? Se trata de un lago hipersalino situado en la frontera entre Jordania e Israel.

○ Los bomberos utilizan productos químicos para mojar el agua... más húmeda. Estos productos químicos especiales reducen la tensión superficial del agua, que así se extiende mejor e impregna los objetos más fácilmente.

Física

○ La física se describe como la ciencia de la materia y su comportamiento y deriva de la palabra griega "physike", que significa "ciencia de la naturaleza".

○ Cuanto más nos acercamos a la velocidad de la luz, más pesamos. Esto se debe a que cuando nos movemos rápido, obtenemos energía extra. Y esa energía tiene que ir a alguna parte, ¿verdad? Así que aumenta nuestra masa total. Nunca podríamos conseguirlo por nosotros mismos, pero si alcanzáramos la velocidad de la luz, sin duda ganaríamos algo de peso. Sin embargo, esto es sólo por un corto tiempo, porque eventualmente el peso desaparecería por sí solo.

○ El agua ralentiza la luz. La luz también se ralentiza en el aire y en el cristal, ¡porque son transparentes! El proceso de ralentización de la luz se denomina índice de refracción.

○ Las ondas sonoras pueden generar calor cuando viajan. De hecho, son absorbidas por los materiales de un objeto, calentándolo lentamente. Esto significa que se podría calentar la comida gritándole, aunque yo sugeriría utilizar el microondas, que es mucho más rápido.

○ Cuanto más lejos está un cuerpo de la superficie terrestre, más rápido fluye el tiempo para él. Este fenómeno se conoce como dilatación gravitatoria del tiempo. La gravedad curva el espacio-tiempo y, por tanto, el propio tiempo. Cuanto más cerca estamos de la fuente de gravedad, es decir, cuanto más cerca estamos de la tierra, más lento transcurre el tiempo.

○ Los objetos transparentes sólo son visibles porque reflejan la luz. Así, la única razón por la que podemos ver el cristal o el hielo es porque reflejan la luz a su alrededor.

○ Es la inercia, la resistencia a cambiar de dirección, lo que impide que te caigas de la montaña rusa. Tu masa resiste la aceleración y te mantiene en el asiento, impulsándote con una fuerza superior a la de la gravedad.

○ Cuando viajas más rápido que la velocidad de la luz, envejeces menos. En la práctica, cuanto más rápido vas, más despacio pasa el tiempo. Por tanto, una nave espacial muy rápida es como una máquina del tiempo hacia el futuro. Cinco años en una nave espacial que viaja a un 99% de la velocidad de la luz corresponden a unos 36 años en la Tierra. Me pregunto si habrá por ahí alguna raza alienígena avanzada que utilice este método como técnica antienvejecimiento.

○ El viento puede proyectar sombras. Sin embargo, las sombras no son visibles a simple vista. Se necesita un aparato especial para verlas.

○ Siempre que veas vibrar un objeto, estás viendo un sonido. Esto se debe a que las ondas sonoras hacen vibrar los objetos.

○ La capilaridad es un fenómeno por el que el agua actúa en contra de la gravedad. Por eso podemos ver subir el agua por tuberías o pajitas.

○ ¿Sabías que el sonido viaja a una velocidad aproximada de 343 m/s? Esta velocidad puede variar en función de factores como la temperatura y el entorno. Hoy en día, los reactores pueden volar más rápido que la velocidad del sonido. Pero la barrera del sonido no se rompió hasta 1947. Quién sabe lo que se siente.

○ Las limas se hunden, pero los limones flotan. Esto se debe a que las limas son más densas que los limones y se hunden más fácilmente en el fondo del vaso. Pruébalo tú mismo.

○ Algunas partículas son capaces de comunicarse entre sí a una velocidad superior a la de la luz, que es de unos 300.000 kilómetros por segundo. La razón es un fenómeno llamado entrelazamiento cuántico.

○ El acero es más elástico que el caucho. ¿Te preguntas cómo es posible, ya que el caucho es tan, bueno... tan gomoso? Según la física, la elasticidad es la capacidad de un material para recuperar su forma después de ser modificado. El acero, cuando se deforma y modifica, puede recuperar su forma rápidamente, lo que lo hace más elástico que el caucho.

○ La física cuántica es difícil de entender, pero un ejemplo sencillo de ley cuántica es que las partículas pueden comportarse de forma diferente cuando se observan. Este fenómeno se denomina efecto observador.

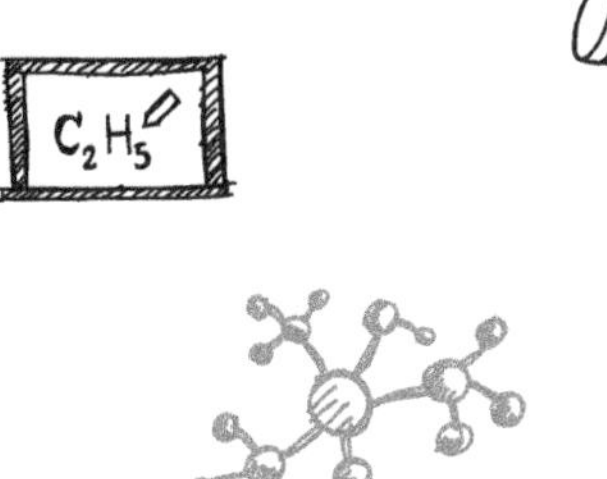
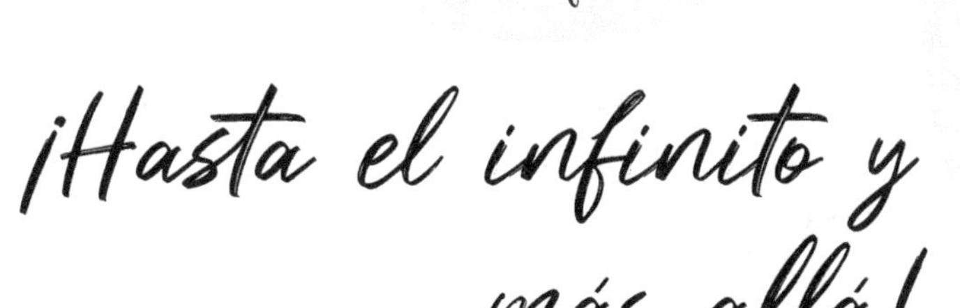

¡Hasta el infinito y más allá!

Fuera del mundo

○ Eructar en el espacio es imposible. Debido a la falta de gravedad, todo el aire, la comida y los líquidos del estómago flotan juntos como burbujas. Si eructas, corres el riesgo de vomitar en la boca. Seguro que los astronautas evitan las bebidas gaseosas.

○ Una pulga tiene mayor aceleración que un transbordador espacial: cuando salta, puede acelerar 20 veces más rápido. Debido a la fuerza empleada en el salto y a su pequeño tamaño, las pulgas aceleran 100 veces la fuerza de la gravedad. Los ocupantes de un transbordador espacial sólo sentirían tres veces la fuerza de la gravedad al despegar.

○ Una cucharadita de una estrella de neutrones pesaría más de 6.000 millones de toneladas. Esto se debe a que las estrellas de neutrones son muy densas. Una estrella de neutrones se forma cuando las estrellas se compactan.

○ La velocidad de la luz es de 299.792.458 metros por segundo. Por lo tanto, la luz tarda 8 minutos y 19 segundos en viajar del Sol a la Tierra. La luz del Sol tiene que atravesar el vacío del espacio antes de llegar a nuestros ojos. Imagina lo lejos que está el Sol si su luz tarda 8 minutos en llegar hasta ti.

○ Cerca del 96% del universo es un misterio para nosotros. Todas las galaxias, planetas y estrellas que conocemos hoy en día constituyen sólo

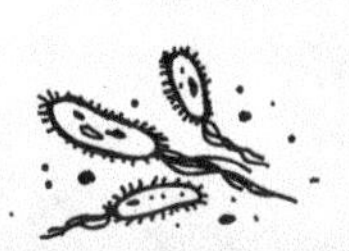

el 4% del universo. El resto está formado por elementos que no podemos ver, detectar ni comprender; los científicos los llaman energía y materia oscura.

○ Las erupciones solares son increíblemente potentes. Una erupción solar es una gran explosión de la superficie del Sol, que emite enormes ráfagas de radiación electromagnética. ¿Sabías que existe una clasificación de las erupciones solares? Las más potentes son las de clase X, seguidas de las de clase M, C y B. Las de clase A son las más pequeñas. Cuando se produce una erupción de clase X o M, se libera una gran cantidad de plasma que puede perturbar la magnetosfera terrestre y provocar tormentas geomagnéticas. Esto puede provocar auroras más cercanas al ecuador que las que se producen normalmente. En una ocasión, una erupción solar causó un apagón de 12 horas en Canadá y desencadenó una tormenta geomagnética que provocó la aparición de auroras boreales en los cielos.

○ Los astronautas del Apolo 11 dejaron un mensaje especial en la superficie de la Luna cuando alunizaron en 1969. Además de sus huellas y la bandera estadounidense, Neil Armstrong y Buzz Aldrin dejaron un pequeño disco de silicona con mensajes de 73 líderes mundiales. El disco, de sólo 3,8 cm de diámetro, todavía puede encontrarse hoy en la superficie de la Luna.

○ ¿Alguna vez has querido tener un traje espacial? Pues será mejor que empieces a ahorrar porque un traje espacial completo de la NASA cuesta ¡12.000.000 de dólares! ¡Necesitas una hucha enorme!

○ Hay más estrellas en el universo que granos de arena en la Tierra. El universo tiene alrededor de 70 septillones de estrellas, es decir, ¡un 7 seguido de 23 ceros! Hay unas 10.000 estrellas por cada grano de arena en la Tierra.

○ En la Luna hay terremotos. No en vano, se llaman lunamoti. Sin embargo, a diferencia de los terremotos, un seísmo en la Luna se produce cuando los meteoritos golpean su superficie o cuando la atracción gravitatoria de la Tierra comprime y estira el interior de la Luna, de forma similar a como la Luna provoca las mareas en la Tierra.

○ Se tardarían unos nueve años en caminar hasta la Luna. Los humanos caminan una media de 5 kilómetros por hora, mientras que la Luna está a 384.400 kilómetros de la Tierra. Esto significa que se tardaría unas 76.880 horas en caminar hasta la Luna. En un año hay 8.766 horas, así que 76.880 horas equivalen a unos 9 años. Creo que me limitaré a pasear por el parque.

○ La galaxia de Andrómeda se puede ver a simple vista en una noche clara y sin luna. Tiene una magnitud de 3,44 y puede verse sin telescopio desde el patio de tu casa. Sólo hay que saber dónde mirar.

○ Hay diferentes tipos de cometas que pasan cerca de la Tierra. Hay cometas de periodo largo y cometas de periodo corto. Estos últimos realizan un viaje alrededor del Sol en 200 años o menos, mientras que los de periodo largo tardan más de 1.000 años en dar la vuelta al Sol.

○ Si condujéramos un coche a más de 100 km/h hasta la estrella más cercana, tardaríamos más de 356.000 millones de años en alcanzarla. No es que se pueda conducir un coche al espacio, ¡al menos todavía no!

○ Cuando la Luna está medio llena, su brillo es aproximadamente el 10% del de la Luna llena. Si ves una luna medio llena, significa que ha alcanzado el llamado Primer Cuarto. La luna está llena cuando la Tierra se encuentra entre la luna y el sol; entonces empieza a hacerse cada vez más pequeña a medida que se acerca al sol.

○ Siempre que se mira al cielo, se ve el universo tal y como era en el pasado. Esto se debe a que la luz de las estrellas, el sol y otros planetas tarda un tiempo en llegar hasta nosotros; a veces es un tiempo bastante corto, pero en el caso de las estrellas puede tardar miles de años. Por eso, si ves a Venus brillar en el cielo, no estás viendo el planeta tal y como es en ese momento, sino como era casi cuatro minutos antes.

○ Un agujero negro del tamaño de un átomo tiene la masa de una montaña. Es un agujero negro pesado, sobre todo si se tiene en cuenta lo pequeño que es un átomo. Su radio es de unos 0,1 nanómetros. En la cabeza de un alfiler cabrían unos 5 millones de átomos.

○ Si quisiéramos igualar la energía producida por el Sol, tendríamos que encender 100.000 millones de toneladas de dinamita cada segundo. Pero, por favor, deja lo de encender dinamita para Wile E. Coyote.

○ ¿Cuánto pesas? Si pesas unas 100 libras, en un cometa pesarías sólo 0,0045 libras. Así que si saltaras, empezarías a flotar en el espacio, ingrávido.

○ Aunque fueras a la velocidad de la luz, tardarías 100.000 años en cruzar la galaxia. Por desgracia, parece poco probable que alguna vez podamos viajar a la velocidad de la luz, por no hablar de encontrar una forma de vivir durante miles de años, por lo que es poco probable que alguna vez visitemos el borde de la galaxia.

○ En 1977, la NASA lanzó dos naves espaciales conocidas como Voyager 1 y Voyager 2. En el lateral de cada nave se montó un disco dorado con los sonidos de la Tierra. Los discos están llenos de saludos, música, ruidos de animales y sonidos de la naturaleza. Así, la NASA envió un trocito de nuestro planeta a las profundidades del espacio. Quién sabe, ¿quizá un extraterrestre lo escuche?

○ ¿Sabías que el universo es tan grande que todas las estrellas, galaxias y planetas (conocidos como materia bariónica) constituyen sólo el 4% del mismo? El 23% es materia oscura, es decir, materia que no podemos ver pero cuyo efecto gravitatorio podemos medir, y el último 73% es energía oscura. La naturaleza de la energía oscura es desconocida, pero parece tener el efecto contrario a la gravedad, separando las cosas. Esta es una de las razones por las que el universo se está expandiendo.

○ Los científicos han predicho que a nuestro Sol le quedan cinco mil millones de años de vida. En ese momento se quedará sin hidrógeno, abandonando su fase estable. Afortunadamente, a día de hoy, el Sol es muy estable y goza de buena salud. Y si tenemos en cuenta que la Tierra sólo ha vivido 4.500 millones de años hasta ahora, ¡aún no ha llegado a la edad madura!

○ Dentro de unos 4.500 millones de años, la Vía Láctea debería chocar con la galaxia de Andrómeda y formar una galaxia elíptica. El agujero negro supermasivo y los brazos espirales de nuestra galaxia desaparecerán. Por si te preguntas qué son los brazos espirales, son conjuntos de estrellas que crean la forma de una espiral o rueda en el cielo. Básicamente, ¡nuestra galaxia parece una gran espiral!

○ La luz tarda mucho en viajar por el espacio, así que hay partes del universo que aún no podemos ver porque la luz todavía no ha llegado hasta nosotros. Me pregunto qué cosas asombrosas habrá por ahí aún por descubrir.

○ El telescopio espacial James Webb es el mayor telescopio óptico del espacio. Su misión es mirar más profundamente en el espacio y, con el tiempo, descubrir nuevas galaxias. El telescopio es tan potente que las imágenes que envía son mucho más claras que las que envía el telescopio espacial Hubble en sus observaciones de la misma zona del espacio.

○ La mayor estrella conocida es UY Scuti, cuyo radio es unas 1.700 veces mayor que el de nuestro sol. En su interior cabrían casi cinco mil millones de soles. Hace que nuestro pobre sol parezca un pequeño insecto.

○ Hay un agujero negro supermasivo que atraviesa el espacio a 177.000 kilómetros por hora. Es 3 millones de veces más pesado que el Sol. Afortunadamente, esto ocurre en la galaxia llamada J0437+2456 -vaya trabalenguas-, que se encuentra a unos 230 millones de años luz. Se trata de una rareza porque los agujeros negros rara vez se mueven. Suelen ser demasiado densos para moverse.

○ La sonda Voyager 1, creada en 1977, quedará a la deriva en el espacio para siempre, probablemente sobreviviendo a la Tierra. Tal vez haga algunos amigos en el espacio.

○ En el espacio se produce un fenómeno conocido como "soldadura en frío", que permite que dos piezas del mismo metal se fusionen si se tocan. Esto ocurre porque los átomos del metal no saben que son diferentes entre sí. En la Tierra, esto no puede ocurrir porque siempre hay agua o aire que los separa.

○ Hay algo llamado materia oscura de lo que los científicos no saben casi nada. Nadie sabe cómo funciona ni de dónde procede, pero se teoriza que la materia oscura es la fuente de la gravedad.

○ El Sol constituye la mayor parte de la masa de nuestro sistema solar. Puede parecer pequeño en el cielo, pero en realidad es lo más grande de nuestro sistema solar. La Tierra parece una hormiga comparada con el Sol.

○ Aunque en el espacio no se oye ningún sonido, la Voyager grabó algunos sonidos espaciales para nosotros. Básicamente, sólo grabó ondas sonoras que viajaban a través de grandes nubes de gas. Los sonidos espaciales son agudos y algo inquietantes. Si quieres escucharlos, puedes buscarlos en YouTube.

○ No sólo los planetas tienen anillos a su alrededor. También hay un asteroide en nuestro sistema solar que tiene esta característica: se llama Chariklo y está rodeado por dos grandes anillos.

○ ¿Has pensado alguna vez qué te pasaría si cayeras en un agujero negro? Básicamente, te estirarías como si estuvieras hecho de espaguetis. De hecho, este fenómeno se conoce como "espaguetización". Al menos el nombre tiene gracia.

○ Las huellas de los astronautas que caminan por la Luna permanecerán para siempre porque no hay viento ni agua que las borren. Incluso las huellas de los neumáticos de los vehículos lunares permanecerán allí para siempre, intactas.

○ ¡Incluso las lunas pueden tener lunas! Luna de una luna" es la forma común de describir algo que orbita alrededor de una luna. Pero, ¿las lunas de una luna también tienen luna? Vaya, esto empieza a ser confuso.

○ En el espacio hace un frío que pela. La temperatura base del espacio es de -270 °C . Hace tanto frío que el movimiento molecular se ha detenido, pero no todo el espacio es tan frío. Hay algunos puntos más cálidos en distintas partes del universo.

○ Los astrónomos creen que los cometas proceden todos del mismo lugar: la Nube de Oort. Se trata de una masa de varios billones de objetos que rodean nuestro sistema solar. Es todo lo que quedó cuando se formó el sistema solar. A veces, debido a la atracción gravitatoria del Sol, trozos de estos objetos son atraídos hacia el centro del sistema solar. Así es como se originan muchos cometas y meteoritos.

○ Nadie vivo en la actualidad verá el cometa Hyakutake más de una vez. La última vez que fue avistado fue en 1996 y no volverá a verse hasta dentro de 70.000 años, es decir, en el año 71.996. Así que, ¡lo sentimos por todos los nacidos después de 1996!

○ El Cinturón de Kuiper es una enorme nube en forma de anillo de pequeños objetos en el sistema solar exterior; está compuesto en su totalidad por asteroides, meteoritos y planetas enanos. Los científicos creen que estos pequeños cuerpos se remontan a la formación más temprana del sistema solar. El Cinturón de Kuiper es un poco como la Nube de Oort que he mencionado antes, pero la Nube de Oort está mucho más lejos.

O ¿Sabías que los cuerpos celestes que orbitan alrededor de otros cuerpos y son demasiado pequeños para ser considerados lunas se llaman "minilunas"? ¡Qué nombre más bonito!

O La masa del Sol es de unos 1.988.550.000.000.000.000.000 billones de kg. ¡Eso son muchos ceros! Equivale a 330.000 Tierras. El Sol constituye aproximadamente el 99,86% de la masa de nuestro sistema solar.

O ¿Has oído hablar alguna vez de una estrella hipergigante? Es un tipo raro de estrella con una masa y un tamaño extremos. Son las estrellas más grandes del universo, ¡incluso más que las supergigantes!

O El cometa Halley es uno de los cometas más famosos que han sobrevolado la Tierra. Sólo se ve cada 75-76 años y no volverá a verse hasta 2061. Los cometas vuelven a ser visibles porque están ligados gravitatoriamente al Sol. Algunos cometas, sin embargo, cambian de órbita y abandonan completamente el sistema solar. Sin embargo, el cometa Halley está aquí para quedarse, orbitando el Sol a su propia velocidad y regresando lentamente a la Tierra.

O "Houston, tenemos un problema" es una famosa frase que supuestamente pronunció un astronauta en la misión Apolo 13 a la Luna, pero ¿sabías que no es históricamente correcta? En realidad se dijo: "Houston, tenemos un problema". Es una pequeña diferencia, ¡pero no pequeña!

O Los viajes espaciales se propusieron en el siglo XVII. El teólogo inglés John Wilkins sugirió que "carros voladores" llevarían a los hombres a la Luna, incluyendo a los extraterrestres en este plan. Sin duda, Wilkins tenía buenas ideas sobre el futuro.

○ En 2018, un meteorito chocó contra nuestra atmósfera y explotó con una fuerza diez veces superior a la de la bomba de hidrógeno de Hiroshima, pero solo fue descubierto por científicos de la NASA después del suceso. Esto se debe a que el impacto se produjo sobre el mar de Bering, fuera de la trayectoria de los aviones comerciales.

○ ¿Sabías que el sol no cambia de color durante la puesta de sol? Sólo nos parece naranja y rosa porque las longitudes de onda del sol actúan de forma diferente en la atmósfera.

○ El tiempo se congela dentro de un agujero negro. Los segundos transcurridos en el interior de un agujero negro son infinitamente largos, tanto que parece que el tiempo se haya congelado.

Mercurio

○ Mercurio es el planeta más cercano al Sol. A diferencia de muchos otros planetas de nuestro sistema solar, Mercurio no tiene lunas ni anillos. Debe de ser muy solitario.

○ Un año en Mercurio corresponde a 88 años terrestres y un día dura 176 días terrestres. Esto se debe a su lenta rotación. El Sol tarda 176 días terrestres en salir, ponerse y volver a salir en Mercurio.

○ Mercurio es el planeta más pequeño, con una circunferencia en el ecuador de sólo 4.879 kilómetros. Sin embargo, a pesar de su pequeño tamaño, es uno de los cinco planetas visibles a simple vista.

○ Mercurio tiene arrugas. Debido al enfriamiento del núcleo de hierro del planeta, su superficie se ha arrugado. Los científicos las llaman "cicatrices lobuladas".

○ En cuanto al núcleo de hierro de Mercurio, los científicos creen que en su día pudo ser lava fundida. Pero ahora está bastante frío. Puede bajar hasta 150 °C bajo cero. Será mejor que lleves tu chaqueta.

○ Mercurio es el planeta con más cráteres de nuestro sistema solar. Esto se debe probablemente a los asteroides que han chocado contra él. Si el espacio fuera un parque de atracciones, Mercurio sería el coche de choque.

Venus

○ Los días en Venus son mucho más largos que nuestros años. Un día en Venus equivale a unos 243 días terrestres. Es la rotación más larga de todos los planetas de nuestro sistema solar.

○ Venus es el planeta más caliente del Sistema Solar, a pesar de que Mercurio está más cerca del Sol. La densa atmósfera de Venus está llena de gases de efecto invernadero, como el dióxido de carbono, y las nubes están formadas por ácido sulfúrico. Este tipo de atmósfera atrapa el calor y hace que la superficie del planeta parezca un horno.

○ Algunos estudios sugieren que Venus, en algún momento, pudo haber tenido océanos y tierra firme como la Tierra, pero luego el planeta evolucionó hasta convertirse en el horno que es ahora. ¿Quién sabe cómo era?

○ Venus no tiene lunas, lo cual es sorprendente porque todos los demás planetas tienen al menos una. ¡Saturno tiene más de 60! ¡Deja de ocupar todas las lunas, Saturno!

La Tierra

○ Hay más árboles en la Tierra que estrellas en nuestra galaxia, la Vía Láctea. Según un estudio, hay unos 3 billones de árboles en nuestro planeta, lo que supera los 100.000-400.000 millones de estrellas que se calcula que hay en la Vía Láctea.

○ Dentro de unos 2.300 millones de años, el clima será demasiado cálido para la vida en la Tierra. Nuestro planeta se convertirá en un desierto parecido a Marte. Todavía queda un tiempo, ¡no te preocupes! Pero tú puedes poner tu granito de arena para contrarrestar el cambio climático.

○ La Gran Muralla China no puede verse desde el espacio. Es un mito que se ha perpetuado durante años, pero parece que la Gran Muralla China es demasiado pequeña para ser vista desde el espacio. Sin embargo, las pirámides de Guiza sí pueden verse a simple vista. Se pueden distinguir vagamente, pero utilizando unos prismáticos desde el espacio, se pueden ver con claridad.

○ La Luna no es lo único que orbita cerca de la Tierra. Aunque la Luna es el único satélite natural de la Tierra, hay una serie de objetos denominados NEO (objetos cercanos a la Tierra) que giran en torno a la Tierra. NEO son las siglas de Near-Earth-Objects (objetos cercanos a la Tierra). Se trata de pequeños asteroides que han sido capturados por la fuerza de atracción de la Tierra.

○ La Tierra tiene una circunferencia de unos 40.000 kilómetros. No está nada mal. ¿Has pensado alguna vez lo grande que es la Tierra?

○ Una nave espacial debe alcanzar Mach 33 o 40.300 kilómetros por hora para escapar de la atracción gravitatoria de la Tierra. Vaya, ¡qué velocidad! No es de extrañar que los astronautas tengan que entrenarse tanto para no marearse.

○ La luz de una estrella situada a unos 31,7 años luz tarda mil millones de segundos en llegar a la Tierra. Esto significa que algunas de las estrellas que titilan en el cielo nocturno lo hacen con mil millones de segundos de retraso. Por tanto, mirarlas es como mirar al pasado.

○ La Estación Espacial Internacional orbita la Tierra en unos 90 minutos. Viaja a una velocidad de ocho kilómetros por segundo. En 24 horas, la estación espacial habrá dado 16 vueltas alrededor de la Tierra, pasando por 16 amaneceres y atardeceres de todo el mundo.

○ Hay más de 500.000 piezas de basura espacial flotando sobre la Tierra y cayendo ocasionalmente en ella. Esta chatarra espacial está formada por restos de diversas misiones en el espacio y en la Luna y de satélites que orbitan alrededor de la Tierra.

○ La Tierra no es perfectamente redonda. Nuestro planeta se aproxima más a una forma llamada elipsoide o esferoide oblato, que no son más que palabras pomposas para designar un objeto en forma de bola achatada en los polos.

○ La Tierra es el único planeta conocido en el que hay vida. Por lo que sabemos, ninguno de los demás planetas de nuestro sistema solar tiene forma alguna de vida, aunque los científicos creen que puede haber algunos pequeños microorganismos en Marte. Sin embargo, ningún extraterrestre u otro humanoide es capaz de sobrevivir en los demás planetas.

○ La Tierra está en constante movimiento, ¡lo que significa que nosotros también lo estamos! Todos los días nos dan la vuelta y nos vuelven a poner de pie. La Tierra gira a una velocidad de 1.675 km/h en el ecuador, y todos giramos con ella. Es una velocidad muy superior a la que puede alcanzar un avión.

○ La Tierra se mueve alrededor del Sol a unos 107.000 km/h. Es decir, mucho más rápido que un avión a reacción. Así que, como ya hemos dicho, siempre estamos en movimiento, girando alrededor del Sol a una velocidad inimaginable.

○ Algunas partes de la Tierra tienen menos gravedad que otras. Esto se debe a que la Tierra no es una esfera perfecta, por lo que su densidad no es uniforme. La gravedad es más débil en el ecuador debido a la rotación de la Tierra.

○ Es posible que la Tierra haya tenido dos lunas. Los científicos creen que estas dos lunas se fusionaron lentamente provocando una colisión que creó una gran luna. Se especula que estas lunas fueron creadas por un protoplaneta del tamaño de Marte que colisionó con la Tierra durante su periodo de formación.

Marte

○ Marte tiene el cañón más largo del sistema solar. El Valles Marineris, situado en el ecuador marciano, se extiende unos 4.000 kilómetros y tiene una profundidad de 7 kilómetros. Esto lo hace diez veces más largo y tres veces más profundo que el Gran Cañón de Estados Unidos.

○ Pequeños fragmentos de Marte se desprenden del planeta y atraviesan nuestra atmósfera, pero suelen caer en los océanos. Esto significa que hay meteoritos diminutos en las profundidades de nuestros océanos.

○ En los próximos 20-40 millones de años, la luna Fobos de Marte se desprenderá y comenzará a orbitar el planeta, dando a Marte su propio anillo, ¡igual que Saturno!

○ Marte tiene una característica geológica única conocida como "arándanos". Se trata de pequeñas formaciones rocosas esféricas de hematites que se han encontrado esparcidas por la superficie del planeta. Los arándanos, de unos pocos milímetros de diámetro, fueron descubiertos por el vehículo de exploración Opportunity de la NASA en 2004. Se cree que se formaron en agua marciana antigua, que interactuó con minerales ricos en hierro para crear las características estructuras en forma de arándano.

Júpiter

○ Júpiter es el planeta más grande de nuestro sistema solar. Es posible que contenga en su interior los otros siete planetas.

○ ¿Conoces la gran mancha roja de Júpiter? En realidad es una tormenta anticiclónica que gira cada seis días. Anticiclónica significa que gira en distintas direcciones según el hemisferio.

○ Hablando de la Mancha Roja de Júpiter, ¿sabías que es tan grande como la Tierra? ¡Una tormenta enorme!

○ Espera, ¡hay algo más que aprender sobre la gran Mancha Roja de Júpiter! ¿Sabías que tiene unos 350 años? ¡Es una tormenta muy larga!

○ Júpiter tiene más de 75 lunas, lo que lo convierte en el planeta con más lunas de nuestro sistema solar. Cuatro de sus lunas más grandes, conocidas como lunas galileanas (Io, Europa, Ganímedes y Calisto) fueron descubiertas por Galileo Galilei en 1610 y se encuentran entre los objetos más estudiados del sistema solar.

Saturno

○ Cada 15 años aproximadamente, los anillos de Saturno parecen desaparecer. Esto se debe a que son tan finos que, desde cierto ángulo, parece como si no existieran. Pero no te preocupes, ¡a este planeta superdelgado nunca se le ocurriría eliminar sus anillos!

○ Hablando de Saturno, en 2009 se descubrió un nuevo anillo. Es tan ancho como 300 Saturnos uno al lado del otro. ¡Eso es bastante grande teniendo en cuenta que Saturno tiene una circunferencia de unos 378.675 km!

○ En el Polo Norte de Saturno se encontró una nube de forma hexagonal. Esto se debe a que en el Polo Norte hay una corriente en chorro que se mueve a una velocidad específica. Estos fuertes contrastes en la velocidad del viento crean movimientos ondulatorios de la corriente en chorro en la atmósfera. Así, las seis ondas que rodean el planeta junto con la corriente en chorro forman una estructura hexagonal.

○ Saturno es el planeta más lejano visible a simple vista. Es el segundo más grande de nuestro sistema solar. Pero si quieres ver sus anillos, necesitarás un telescopio.

○ Saturno es también el planeta más plano debido a su baja densidad y a su rápida rotación. Su diámetro polar es el 90% de su diámetro ecuatorial. Imagínatelo como un trozo de masa: si fuera gruesa y girara muy rápido, acabaría aplanándose como cuando haces pizza. Por tanto, Saturno tiene más en común con la pizza de lo que crees.

○ Saturno tarda 29,4 años terrestres en orbitar alrededor del Sol, lo que significa que un año en Saturno equivale a casi 30 años para nosotros. Imagínate crecer allí: ¡envejecerías muy lentamente!

○ Además de los anillos, Saturno parece tener debilidad por las lunas. De hecho, cuenta con ciento cincuenta, incluidas pequeñas minilunas.

Urano

○ Urano está lleno de tormentas. Por tanto, no es un buen lugar para ir de vacaciones. Los científicos creen que la razón de que sea tan tormentoso es que el planeta, a diferencia de todos los demás, está inclinado sobre su costado.

○ El planeta Urano tiene un aspecto azul claro porque su atmósfera superior está compuesta de agua, amoníaco y cristales de hielo de metano.

○ Dos de las lunas de Urano llevan el nombre de personajes creados por William Shakespeare: Oberón y Titania. Ambos eran hadas en El sueño de una noche de verano.

○ Sólo una sonda ha llegado a Urano, la Voyager 2 en 1986. No aterrizó en la superficie, sino que la sobrevoló, acercándose a 81.400 kilómetros de las cimas de las nubes del planeta.

Neptuno

○ Tritón, la luna de Neptuno, es la más fría de nuestro sistema solar. La temperatura media de su superficie es de -235 °C.

○ La luna Tritón es capaz de albergar vida, pero no vida terrestre. Tritón es la llamada luna mamut y es el único mundo, aparte del nuestro, que tiene masas de agua estancada.

○ Neptuno es el planeta más alejado del Sol en nuestro sistema solar, con una distancia media de unos 4.500 millones de kilómetros. Debido a esta gran distancia, Neptuno tarda casi 165 años terrestres en completar una órbita alrededor del Sol. Debido a su distancia y a su escasa luminosidad, Neptuno no fue descubierto hasta 1846.

○ La atmósfera de Neptuno está compuesta en parte por metano, que absorbe la luz roja. Por este motivo, el planeta aparece de color azul oscuro.

○ En 1989, hubo una tormenta en Neptuno llamada Gran Mancha Oscura que duró cinco años seguidos. Me alegro de que en la Tierra no haya tormentas de este tipo.

○ Neptuno tiene 14 lunas. Sus nombres son Thalassa, Naiad, Despina, Larissa, Galatea, Proteus, Triton, Halimedes, Nereid, Laomedeia, Neso, Sao, Psamathe y S/2004 N1, que aún no ha recibido un nombre oficial.

En un planeta muy, muy lejano

○ En otros planetas pueden llover diamantes. Esto ocurre ocasionalmente en Saturno, Neptuno y Urano. Sin embargo, estos diamantes se parecen más a los creados en laboratorios por el hombre que a los extraídos de la naturaleza y, por desgracia, ¡no parecen diamantes de verdad!

○ Existe un planeta extraterrestre que podría estar hecho de diamantes. Se llama 55 Cancri y fue descubierto en 2004. Es muy rocoso y se compone principalmente de carbono en forma de diamante o grafito. Sin embargo, visitar 55 Cancri sería difícil porque la superficie alcanza unos 1650 °C, demasiado caliente para ser compatible con la vida.

O Algunos planetas fuera de nuestro sistema solar orbitan alrededor de dos estrellas en lugar de una. Se conocen como "planetas circumbinarios" y fueron descubiertos por primera vez en 1993. Uno de los planetas circumbinarios más famosos es Kepler-16b, descubierto por la misión Kepler de la NASA en 2011. Es un planeta gigante gaseoso que orbita alrededor de dos estrellas, de tamaño similar a Saturno, y tiene un "año" que dura solo 229 días.

O Puede que haya otro planeta en los confines de nuestro sistema solar. Los científicos lo llaman Planeta Nueve, pero está tan lejos que aún no se ha confirmado su existencia. ¿Quizás algún día puedas ser tú el científico que lo confirme?

O Existe un planeta conocido como HD 189733b sobre el que se cree que ¡llueve vidrio fundido! Los vientos están compuestos por partículas de silicato y soplan a una velocidad de hasta 8.700 km/h. El vidrio, sin embargo, no es como el que vemos en nuestras casas, ¡sino que está fundido! ¡Es como vidrio líquido increíblemente caliente que cae del cielo! ¡Nunca más me quejaré de un poco de lluvia o nieve!

O Hay planetas errantes que no orbitan alrededor de las estrellas. Son difíciles de encontrar porque suelen vagar por el universo. ¡Estos planetas fuera de órbita también tienen la capacidad de dejar fuera de órbita a otros planetas! Pero no te preocupes: no hay ninguno cerca de la Tierra.

O En los últimos 20 años hemos descubierto más de mil planetas orbitando fuera de nuestro sistema solar. Esto significa que podría haber un planeta similar a la Tierra en algún lugar ahí fuera. Así pues, ¡quizás la idea de la existencia de vida extraterrestre deje de ser pura ciencia ficción en el futuro!

O El objeto que gira más rápido de nuestro universo es un planeta enano llamado Haumea. Si girara más rápido de lo que lo hace ahora, se partiría en dos. ¿Quién sabe si los planetas más grandes y viejos le dicen siempre que vaya más despacio o se hará daño?

○ Sería increíblemente difícil aterrizar una nave espacial en Júpiter, Saturno, Urano o Neptuno porque están formados casi enteramente por gas. Aunque es posible que estos planetas tengan un núcleo sólido en algún lugar profundo, la gravedad destruiría cualquier nave espacial.

○ Venus y Urano giran de forma diferente a los demás planetas. Todos los planetas, salvo Venus y Urano, orbitan alrededor del Sol en el sentido contrario a las agujas del reloj. Sin embargo, Venus gira en el sentido de las agujas del reloj, mientras que Urano lo hace de lado.

○ Todos los planetas de nuestro sistema solar, salvo la Tierra, llevan el nombre de dioses y diosas de la antigua Roma. En comparación, el nombre de la Tierra parece un poco trivial. Aunque la lógica no deja lugar a dudas.

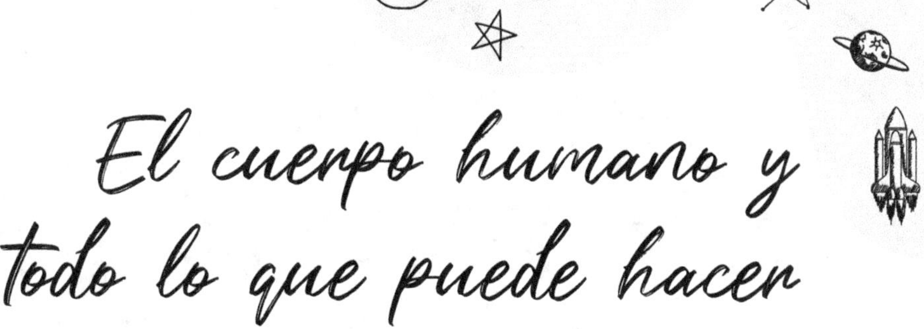

El cuerpo humano y todo lo que puede hacer

Hechos que hacen girar el cerebro

○ Un cerebro privado de sueño puede estar despierto y dormido al mismo tiempo. Se trata de un fenómeno llamado hipnagogia. Durante la hipnagogia es frecuente experimentar alucinaciones.

○ A veces el cerebro está más activo cuando está dormido que cuando está despierto. Algunos estudios sugieren que el sueño es una forma de eliminar las toxinas que se acumulan en el cerebro durante la vigilia.

○ Si se alisaran todas sus arrugas, el cerebro tendría el tamaño de una funda de almohada. Sin embargo, no creo que fuera muy cómoda para dormir.

○ Cuando uno está despierto, el cerebro produce tanta electricidad como para encender una bombilla. De media, tenemos unos 70.000 pensamientos al día. ¡Vaya! Me sorprende que podamos hacer cualquier cosa con todos esos pensamientos en la cabeza.

○ El cerebro utiliza 10 vatios de energía para pensar. El vatio es la velocidad del flujo de energía eléctrica. Sin embargo, una bombilla de 10 vatios no sería muy brillante, por lo que no bastaría para iluminar una habitación.

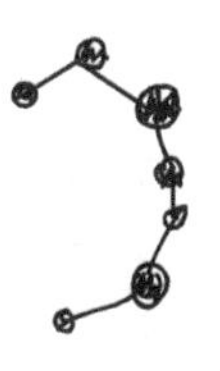

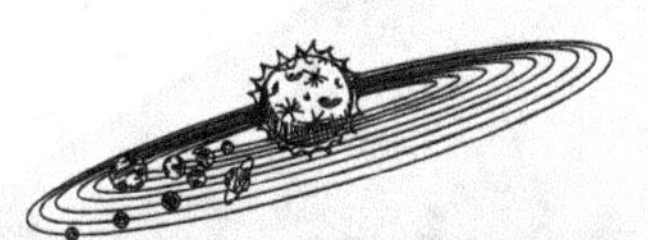

○ Algunos científicos han planteado la hipótesis de que quienes sueñan con frecuencia suelen tener un coeficiente intelectual más alto. Esto se debe a que sus cerebros trabajan más y producen más pensamientos.

○ El cerebro está compuesto en un 60% de grasa. Sin embargo, estos ácidos grasos son esenciales para su buen funcionamiento. Así que, a veces, ¡un poco de grasa extra no viene mal!

○ ¿Sabías que el cerebro no está completamente formado hasta los 25 años? Se trata concretamente del desarrollo del córtex prefrontal, que hace que nuestras emociones estén más reguladas.

○ ¿Sabías que los hombres tienen el cerebro ligeramente más grande que las mujeres? Pero que no se adelanten los hombres: ¡un mayor tamaño cerebral no implica mayor inteligencia!

○ El cerebro tiene unos 86.000 millones de neuronas que forman conexiones entre sí, lo que suma alrededor de un billón de neuronas. Esto significa que el cerebro tiene una capacidad ilimitada de información.

○ A los 20 años empezamos a perder neuronas en el cerebro. A los 70 hemos perdido al menos una décima parte de nuestras neuronas. ¡Adiós, neuronas!

○ Llevar auriculares durante una hora puede aumentar las bacterias de los oídos en un 700%. Pero no te preocupes: ya estamos llenos de bacterias por todo el cuerpo. Unas cuantas más no hacen daño.

○ El hueso más pequeño del cuerpo humano se encuentra en el oído y se llama estribo. Los otros dos huesos pequeños del oído se llaman martillo e yunque y juntos forman la cadena osicular.

○ ¿Sabías que algunas personas pueden oír el movimiento de sus globos oculares? Al igual que ocurre con otros músculos, existe fricción entre los músculos oculares y los huesos conectados a ellos. Algunas personas pueden sentir esta fricción cuando mueven los ojos. Es como oír la propia voz o masticar.

○ Cuando sentimos ciertas emociones, como vergüenza, culpa o amor, los vasos sanguíneos de la cara se dilatan, lo que provoca que nos ruboricemos. Los científicos creen que esta reacción puede haber evolucionado como una forma de comunicar nuestros estados emocionales a los demás y fomentar la confianza en situaciones sociales. Así que la próxima vez que sientas que tus mejillas se enrojecen, recuerda que es una característica única y fascinante del ser humano.

○ El ser humano es el único animal capaz de producir lágrimas emocionales, que se activan ante diversas emociones, como la alegría, la tristeza y el dolor. Estas lágrimas contienen un analgésico natural que puede mejorar el estado de ánimo y reducir los niveles de estrés. Por tanto, no pasa nada por llorar de vez en cuando.

○ Las mujeres son menos daltónicas que los hombres. Esto se debe a que los genes responsables de la forma más común de daltonismo se localizan en el cromosoma X.

○ Parpadeamos más de seis millones de veces al año. En el parpadeo influyen diversos factores, pero por término medio parpadeamos entre 15 y 20 veces en un minuto.

○ La córnea, que es la parte transparente del ojo, no recibe oxígeno de la sangre, sino directamente del aire.

○ El vello facial es el que crece más rápido de todo el cuerpo. El de un hombre adulto crece unos 0,4 milímetros al día. Si un hombre no se dejara crecer nunca la barba, podría alcanzar unos 9 metros de longitud.

○ El ser humano es la única especie conocida que tiene barbilla. Aunque los científicos no están totalmente seguros de su finalidad, algunas teorías sugieren que la barbilla puede haber evolucionado para ayudarnos a hablar con más claridad o para atraer a la pareja.

○ Tenemos casi la misma cantidad de pelo en el cuerpo que los chimpancés. Sin embargo, nuestros pelos apenas son visibles y no son tan gruesos como los de un chimpancé.

○ Los científicos aún no saben por qué bostezamos. Algunas investigaciones sugieren que el bostezo es la forma que tiene nuestro cuerpo de regular la temperatura cerebral. Otro estudio sugiere que la razón por la que lo hacemos es que cuando estamos cansados dejamos de respirar profundamente, lo que provoca una acumulación de dióxido de carbono que el acto de bostezar se supone que expulsa. Y sí, bostezar es contagioso. Ver u oír a otra persona hacerlo puede hacer que tú también quieras bostezar. Apuesto a que incluso leer este artículo te ha hecho bostezar.

○ No se puede tragar y respirar al mismo tiempo. El cuerpo humano puede hacer muchas cosas asombrosas, pero tragar y respirar al mismo tiempo no es una de ellas.

○ En general, las mujeres tienen más papilas gustativas que los hombres. Alrededor del 35% de las mujeres pueden describirse a sí mismas como "supergustadoras", lo que significa que identifican los sabores con más facilidad que los demás.

○ A lo largo de nuestra vida, producimos saliva suficiente para llenar dos piscinas. Es decir, unos 25.000 litros de saliva. La producimos continuamente, incluso cuando comemos.

○ Los teratomas son tumores que pueden tener dientes e incluso pelo. Es como tener otra personita creciendo dentro de ti.

○ Una de las causas del hipo son los cambios de temperatura. Esto se debe a que el esófago, el canal que conecta la garganta con el estómago, es sensible a la temperatura.

○ Nuestros nervios transmiten información a 40-45 metros por segundo. La transmisión es más rápida en unos nervios que en otros, por ejemplo, la sensación de tacto o dolor se produce con extrema rapidez.

○ ¿Sabías que el músculo más fuerte del cuerpo humano es el masetero, situado en la mandíbula? Este músculo es el responsable de la masticación y ejerce una fuerza enorme cuando mordemos los alimentos. De hecho, puede ejercer una fuerza de más de 90 kg sobre los molares, ¡suficiente para partir una nuez! Pero no lo intentes: te harás daño.

○ Intenta tararear con la nariz cerrada: ¡es imposible! Esto se debe a que cuando tarareas exhalas. Si la boca y la nariz están cerradas, el aire no puede salir.

○ Cuando respiramos favorecemos una fosa nasal: aproximadamente el 75% de la respiración se realiza por una fosa nasal y el 25% por la otra. ¿Sabes qué orificio nasal prefieres?

○ La nariz y las orejas siguen creciendo a lo largo de la vida. Aunque "crecimiento" quizá no sea la palabra más adecuada para describir este proceso. A medida que envejecemos, la gravedad actúa modificando nuestra piel. Los músculos, la piel y los cartílagos se debilitan y empiezan a tirar de ellos hacia abajo. Por eso aparecen las arrugas en las personas mayores.

○ Cuando se duerme, no se huele nada. Las investigaciones indican que las personas no responden a los olores cuando están dormidas. Por lo tanto, para oler el desayuno en la cocina, primero hay que despertarse.

○ Es posible romperse una costilla estornudando. Sin embargo, es muy raro y suele ocurrir sólo a personas mayores o con huesos débiles.

○ Un estornudo puede superar los 160 kilómetros por hora y generar unas 100.000 gotas de líquido. Así que recuerda ponerte la mano delante de la boca cuando estornudes.

○ ¿Te has preguntado alguna vez por qué tosemos o estornudamos? Toser y estornudar son la forma natural que tiene nuestro cuerpo de impedir la entrada de sustancias extrañas.

○ Los dientes son las únicas partes del cuerpo humano que no pueden curarse por sí solas. Esto se debe a que no pueden volver a crecer ni depositar nuevo tejido cicatricial para cubrir una herida o fisura.

○ Un tercio de los dientes se encuentra debajo de las encías. Esto significa que sólo dos tercios de la longitud del diente son visibles.

○ De media, pasamos unos 38,5 días en total cepillándonos los dientes. ¿Se imagina cepillarse los dientes durante más de un mes seguido?

○ Al igual que nuestras huellas dactilares, las huellas linguales de cada persona son diferentes. Tu lengua es diferente a la de cualquier otra persona en el mundo; nadie tiene la misma huella, tamaño y textura que tú. ¡Eres realmente único!

○ La edad media a la que la médula espinal deja de crecer es a los 4 años. La médula espinal está formada por un conjunto de tejido nervioso y células de sostén y es responsable de la transmisión de mensajes del cerebro al resto del cuerpo.

El corazón y otras partes del cuerpo

○ Los recién nacidos no derraman lágrimas hasta aproximadamente el primer mes de vida. Tienen conductos lagrimales, pero sus glándulas lagrimales sólo empiezan a aumentar la producción de lágrimas hacia el primer mes de vida.

○ Los embriones desarrollan uñas en el útero. Ya en el primer trimestre de embarazo, los bebés tienen las yemas de los dedos completamente desarrolladas. El pelo también empieza a crecer en el útero. Las mujeres que sufren acidez durante el embarazo tienen más probabilidades de dar a luz a un bebé con mucho pelo.

○ Durante un estirón, los bebés siguen creciendo en altura hasta que los extremos de los huesos largos se fusionan y dejan de aumentar en longitud. A menudo, durante este periodo, el bebé se muestra más nervioso e irritable.

○ Uno de cada 2.000/3.000 niños nace con dientes. El problema es que éstos pueden ser móviles y, por tanto, corren el riesgo de ser tragados.

○ Los niños que respiran por la boca son más propensos a la laringitis. Esto se debe a la forma en que mueven la lengua. Sin embargo, es un problema que puede corregirse.

○ Los niños sólo parpadean una o dos veces por minuto. El número de parpadeos aumenta progresivamente con la edad. La teoría de por qué parpadean tan poco es que su capacidad de visión es incompleta y que trabajan mucho para absorber la información visual.

○ La sangre constituye aproximadamente el 8% de nuestro peso corporal. Aproximadamente el 55% de la sangre se compone de plasma, que en realidad es un 90% de agua.

○ El sistema circulatorio (venas y arterias) tiene casi 100.000 kilómetros de longitud. Suficiente para dar la vuelta al mundo dos veces, ¡y eso sólo para un ser humano!

○ Cuando se enrojece, el revestimiento del estómago también se enrojece. La sangre fluye tanto a la cara como al revestimiento del estómago. Sin embargo, desde fuera no se ve.

○ Aproximadamente la mitad de nuestro cuerpo está formado por bacterias. Los microorganismos constituyen entre el 1% y el 3% de nuestra masa corporal, lo que significa que en un adulto de 100 kilos hay entre 1 y 3 kilos de bacterias en su interior.

○ El cuerpo humano tiene tanta grasa que se podrían hacer unas siete pastillas de jabón con ella. Luego depende de uno mismo utilizarlo o no al ducharse.

○ Alrededor del 60% del cuerpo es agua. El corazón y el cerebro contienen aproximadamente un 73% de agua, mientras que los pulmones contienen un 83%. Los músculos y los riñones tienen un 79% de agua y los huesos también contienen un 31%.

○ Una cuarta parte de los huesos de nuestro cuerpo se encuentran en los pies. Un pie normal tiene unas 33 articulaciones, 26 huesos, 19 músculos y 107 ligamentos. Algunas personas nacen con aún más huesos debido a un fenómeno llamado polidactilismo.

○ Los huesos están rellenos de una sustancia esponjosa llamada médula ósea. Así que los huesos no son tan duros como crees, al contrario, son blandos por dentro.

○ ¿Sabes cuál es el hueso más grande de tu cuerpo? Es el fémur, situado en el muslo, y es el hueso más largo y grande que tenemos.

○ Los huesos están compuestos de calcio, fósforo, sodio, colágeno y muchos otros minerales. Uno de estos minerales es la hidroxiapatita, que es como una sal insoluble.

○ ¿Sabías que el cuerpo humano produce unos 300.000 millones de células nuevas cada día? Este proceso constante de división y renovación celular contribuye al buen funcionamiento de nuestro organismo y nos permite recuperarnos de lesiones y enfermedades.

○ ¿Sabías que tu cuerpo emite una pequeña cantidad de luz que es demasiado débil para ser vista por el ojo? Esta luz es 1.000 veces menos intensa que los niveles que puede ver nuestro ojo desnudo. De hecho, prácticamente todas las criaturas de la Tierra emiten una luz tenue.

○ Nuestras células se renuevan, pero no todas son iguales. Las células que recubren el estómago se renuevan cada dos días. Independientemente de cuánto duren, todas las células acaban muriendo. Es un poco triste, pero es inevitable.

○ ¿Sabías que los átomos de nuestro cuerpo tienen unos mil millones de años? Esto se debe a que el hidrógeno, el elemento más común en el universo y una parte importante de nuestra composición, se produjo hace 13.700 millones de años durante la creación del universo. Como el hidrógeno está presente en nuestro cuerpo, ¡algunos de sus compuestos tienen miles de millones de años! ¿No es curioso pensar que cada uno de nosotros es tan antiguo como el universo?

○ Normalmente, es imposible lamerse el codo. Sin embargo, hay personas con lenguas muy largas y brazos cortos que consiguen realizar esta legendaria hazaña. Seguro que ahora mismo lo estás intentando, ¿verdad?

○ Los humanos somos portadores de genes de otras especies. Podemos albergar hasta 145 genes de bacterias y otros organismos unicelulares. Todos han encontrado un lugar en el genoma humano.

O Quizá los humanos estemos emparentados con los hongos. Los científicos especulan con la posibilidad de que el 1% del genoma humano proceda de plantas. Así que, básicamente, ¡los humanos fuimos en parte plantas!

O Cuando hace frío, las uñas crecen más despacio, mientras que cuando hace calor, lo hacen más deprisa. Esto se debe a que la circulación del cuerpo es menor cuando hace frío.

O El corazón es el único músculo que no se fatiga. Está formado por células especiales llamadas cardiomiocitos, que son muy resistentes a la fatiga. Su producción de energía es 10 veces superior a la densidad de mitocondrias.

O Los latidos del corazón se sincronizan con la música que se escucha. Los estudios han demostrado que la música rápida puede aumentar el ritmo cardíaco y acelerar la respiración.

O ¿Sabías que el corazón humano también puede latir fuera del cuerpo? No necesita un cuerpo ni un cerebro para seguir latiendo porque tiene un sistema eléctrico que le permite latir y bombear sangre.

O El corazón late unas 100.000 veces al día. También envía cada día unos 2.000 litros de sangre por todo el cuerpo.

O El corazón de las mujeres late ligeramente más deprisa que el de los hombres. Un hombre tiene una frecuencia cardiaca media de entre 70 y 72 latidos por minuto, mientras que una mujer de entre 78 y 82 latidos por minuto.

O Hablando del corazón, ¿conoces ese sonido que hace cuando late? Se debe a la apertura y cierre de las válvulas cardíacas.

○ ¿Sabías que el primer caso conocido de cardiopatía se identificó en una momia egipcia de 3.500 años de antigüedad? Concretamente, el sujeto presentaba una cardiopatía que engrosaba las paredes de las arterias. ¡Incluso se descubrió que un faraón tenía el mismo problema! Así pues, no se trata de una enfermedad nueva. Es curioso pensar que hace miles de años la gente sufría los mismos problemas que tenemos hoy. Aunque ha pasado mucho tiempo, no somos tan diferentes.

○ Por la mañana se es aproximadamente un centímetro más alto que por la tarde. Esto se debe a que la gravedad comprime el cartílago de la columna vertebral, las rodillas y otras partes del cuerpo cuando estamos sentados y de pie durante el día.

○ Algunas personas tienen la capacidad de predecir el tiempo con sus articulaciones, músculos y ligamentos. Dicen que están más rígidos y doloridos cuando el tiempo es húmedo y frío, mientras que se sienten mejor cuando hace calor. Esto se debe a que la disminución de la presión, que anuncia el mal tiempo, significa que el aire presiona menos sobre nuestro cuerpo.

○ La articulación más grande del cuerpo es la rodilla. Es una de las articulaciones más complejas y resulta esencial para nuestro movimiento.

○ El hígado es el único órgano que puede regenerarse. Incluso si se le extirpa hasta el 75%, puede volver a crecer a su tamaño original en pocos meses. Esta notable capacidad de regeneración se debe a la capacidad única del hígado para producir nuevas células y tejidos.

○ Los pulmones son los únicos órganos que pueden flotar en el agua. Contienen 300 millones de cuerpos similares a pequeñas cámaras de aire, llamados alvéolos. De hecho, los pulmones nos ayudan a flotar en el agua: cuando inhalamos, se llenan de oxígeno como globos y ¡nos ayudan a flotar!

○ Los dedos de las manos no tienen músculos. Esto significa que son los de las palmas y los antebrazos los que controlan el movimiento de los dedos.

○ La palabra "músculo" procede del latín y significa "ratón". Los romanos utilizaban el término "ratón" porque pensaban que los músculos flexionados se parecían a pequeños ratones. Me pregunto si los culturistas estarán de acuerdo.

○ El nervio ciático es el más largo del cuerpo y va desde los dedos de los pies hasta la médula espinal. Es casi tan alto como tú.

○ Un hombre llamado Tim Storms tiene el récord de la voz más grave del mundo. Es capaz de hacer ruidos que ni él ni otros humanos pueden oír. Sin embargo, ¡los elefantes los oyen perfectamente!

○ La persona más anciana de la historia alcanzó los 122 años y murió en 1997. Era un ama de casa francesa llamada Jeanne Louise Calment y nació en 1875, unos 14 años antes de que se construyera la Torre Eiffel y unos 15 años antes de que se inventara el cine. Imagínese cuántas cosas vio a lo largo de su vida.

○ La española María del Carmen Bousada de Lara se hizo famosa por dar a luz en 2006 a gemelos a la edad de 67 años.

○ El mundo está lleno de fobias interesantes. Una fobia es algo a lo que se tiene miedo, y una de las fobias más comunes en el mundo se llama tripofobia, ¡o miedo a los agujeros pequeños!

○ La piel es el órgano más grande. La piel, incluidos sus elementos constitutivos como el pelo, las uñas y las glándulas sudoríparas y sebáceas, forma el llamado sistema tegumentario. La piel nos protege de las bacterias, los productos químicos y las temperaturas altas o bajas.

○ Cada minuto perdemos unas 30.000 células muertas. De hecho, la mayor parte del "polvo" del hogar está formado por células muertas. ¡Qué asco! Seguro que ahora ves la limpieza de tu habitación de forma más positiva.

○ Cada mes nuestra piel se renueva, sin que nos demos cuenta. Esto significa que a lo largo de nuestra vida cambiamos de piel unas 1.000 veces.

○ Nuestro cuerpo tiene 2,5 millones de poros sudoríparos. Sin embargo, algunas personas afortunadas tienen hasta 4 millones. La glándula sudorípara es un largo tubo enrollado de células.

○ La piel de gallina forma parte de un mecanismo de defensa. A nuestros antepasados se les ponía la piel de gallina cuando se encontraban en situaciones peligrosas o veían depredadores, por lo que se les erizaban los pelos de los brazos para parecer más amenazadores.

○ Nuestra piel alberga más de 1.000 tipos de bacterias. Estas bacterias son similares de una persona a otra, lo que significa que todos llevamos formas muy parecidas de bacterias en el cuerpo. Podríamos ser gemelos de bacterias.

○ La piel más fina de nuestro cuerpo es la de los párpados, mientras que la más gruesa es la de los pies y las palmas de las manos.

○ La piel representa alrededor del 15% del peso corporal. Una persona media tiene unos 21 metros cuadrados de piel, que contienen más de 17 km de vasos sanguíneos.

○ En un solo centímetro cuadrado de piel hay unos 19 millones de células y 300 glándulas sudoríparas. El ser humano suda mucho.

○ El intestino delgado mide unos 3 metros de largo, lo que significa que, tumbado, parecerías un enano.

○ El riñón derecho está ligeramente más bajo que el izquierdo debido a la posición del hígado. Es unos 1-2 centímetros más bajo que el izquierdo.

○ En la ducha somos más creativos. Está demostrado que el agua caliente mejora nuestro estado de ánimo y nos anima a pensar mejor. Así que si estás atascado en un ensayo, ¡dúchate y verás cómo tu cerebro se acelera!

○ Es más probable que los mosquitos piquen a las mujeres porque suelen tener más calor que los hombres y el calor atrae a los insectos.

○ A lo largo de la vida, una persona pasa una media de un año sentada en el váter. ¿Te imaginas pasar un año entero sentado en el váter?

○ Los humanos tenemos un estilo de andar único en comparación con otros primates. Cuando caminamos, movemos los brazos en dirección contraria a las piernas, un movimiento denominado "coordinación contralateral brazo-pierna". Este movimiento puede haber evolucionado para ayudarnos a conservar la energía y mantener el equilibrio mientras caminamos erguidos.

○ Los pedos sólo huelen mal debido a las bacterias que liberan gases sulfurosos en el intestino. Así que, si alguien te culpa del olor, puedes responder simplemente: "¡No he sido yo; han sido las bacterias!".

○ Una persona normal podría llenar un globo con la cantidad de pedos que se tira en un día. Quizá el creador de la almohada para pedos tenía algo entre manos.

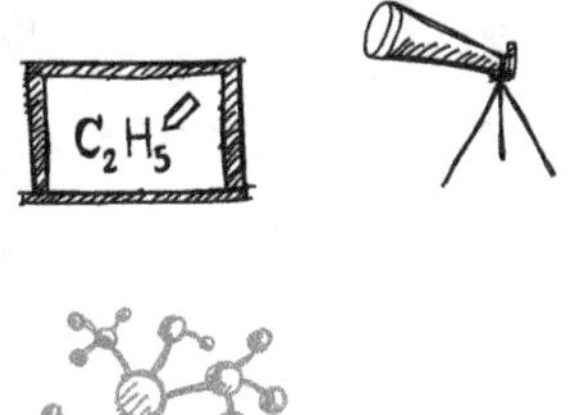

Si puedes imaginarlo, puedes hacerlo

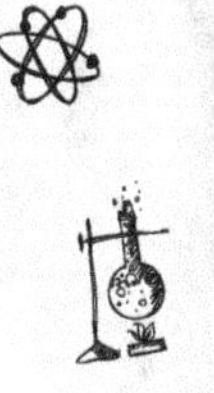

Inventos ingeniosos y tecnología extraordinaria

- En la mayoría de los anuncios, si aparece una hora, suelen ser las 10:10. En los anuncios de relojes, por ejemplo, las manecillas suelen marcar las 10:10 porque parecen más atractivas visualmente.

- Google toma su nombre de googol, un número seguido de 100 ceros. El nombre original de la empresa era Backrub. Mejor Google, diría yo.

- Una moneda de diez céntimos tiene 118 crestas en los bordes. En las monedas de 25 céntimos hay 119, en las de medio dólar 150 y en las de un dólar 133. Las crestas se añaden a las monedas porque son útiles para los discapacitados visuales.

- El nuestro es un mundo conectado. ¿No lo crees? Pues piensa que en Estonia puede conectarse a WiFi incluso en el bosque y que en el Monte Everest existe el repetidor "Everest Link", que ofrece diversos paquetes de conexión para expediciones a punto de abordar la montaña más alta del mundo.

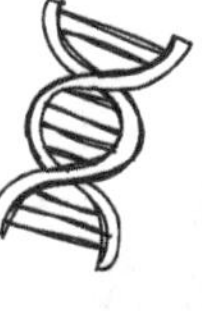

- El 17 de diciembre de 1903, Wilbur y Orville Wright volaron el primer avión a motor de la historia. El primer vuelo duró sólo 12 segundos y alcanzó una altura de 35 metros. Sin embargo, una vez que descubrieron cómo hacerlo, no hubo quien les parara.

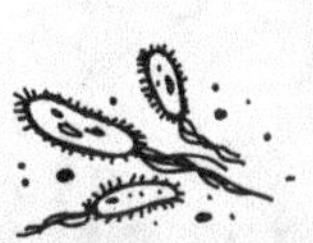

O ¿Quién inventó el primer automóvil? En 1495 Leonardo da Vinci hizo un boceto de un vehículo que se considera el antepasado del automóvil moderno. Su diseño incluía una columna de dirección, un diferencial y un sistema de piñón. Habría sido imposible crear uno con las herramientas disponibles, ¡pero a él se le ocurrió la idea primero! Sin duda, Leo se adelantó a su tiempo.

O También se cree que Leonardo da Vinci creó las tijeras, ¡pero no es cierto! Las tijeras ya existían desde hacía mucho tiempo. De hecho, algunos historiadores creen que se inventaron en Oriente Próximo hace unos 3.000-4.000 años.

O ¿Sabías que el abrelatas se inventó sólo 48 años después de la invención de las latas de conserva? ¡Más vale tarde que nunca! ¡Imagínate la frustración de la gente intentando abrir latas antes de que llegara el abrelatas!

O El procesador del Mars Rover cuesta más de 200.000 dólares, pero es casi idéntico al procesador informático utilizado en el iMac original.

O Samsung somete sus teléfonos a una prueba con un robot con forma de culo. Como es frecuente que la gente se siente encima de sus teléfonos, para probar su durabilidad la empresa surcoreana ha creado un robot con forma de culo que se sienta encima de los teléfonos. El robot incluso lleva vaqueros.

O Los pañuelos Kleenex se utilizaban originalmente como filtros en las máscaras antigás. Sin embargo, tras el final de la guerra, las máscaras de gas dejaron de ser necesarias, así que la gente empezó a utilizar pañuelos Kleenex para limpiarse la cara.

O ¿Sabes ese pequeño bolsillo de la parte delantera de tus vaqueros en el que no te cabe nada? Originalmente estaba pensado para guardar relojes de bolsillo. Al parecer, los fabricantes de vaqueros lo mantienen como una tradición.

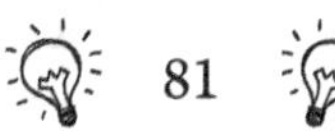

○ Alrededor de 1750 se patentó en Gran Bretaña el primer pegamento. La sustancia se creaba a partir de pescado. Supongo que el bricolaje no era tan popular entonces…. ¡Piensa en el olor!

○ El concepto de los botes de spray se originó ya en 1790, cuando se inventó en Francia un sifón que incorporaba una válvula y permitía presurizar y carbonatar las bebidas.

○ La marca de automóviles Mercedes inventó un coche controlado por un joystick que sustituía al volante y los pedales y podía manejarse sentado en el asiento del copiloto.

○ Era el 8 de octubre de 1945 cuando Percy Spencer inventó lo que hoy es un electrodoméstico indispensable en cualquier cocina. Sin embargo, el pobre hombre sólo recibió dos dólares de la empresa para la que trabajaba y ¡ningún derecho de autor! Esto es realmente injusto.

○ Una de las empresas más valiosas del mundo, Apple inc., se creó el Día de los Inocentes. Pero a juzgar por los resultados, ¡parece que no estaban bromeando en absoluto!

○ ¡Un par de zapatillas Nike se inspiraron en una gofrera! El creador, Bill Bowerman, quería crear un par de zapatillas ligeras que pudieran llevarse a cualquier parte. Una mañana, mientras comía un gofre, se le ocurrió poner un motivo de gofre en la suela de las zapatillas. Así nacieron las famosas zapatillas que llevaban los atletas en los años setenta.

○ El primer vuelo comercial duró sólo 23 minutos. Fue un vuelo en Florida de una ciudad a otra, con sólo dos pasajeros. ¡Apuesto a que ni siquiera tuvieron tiempo de hojear la revista de a bordo o tomar un tentempié!

○ La penicilina se conocía originalmente como "jugo de moho". Esto se debía a que la penicilina, el primer antibiótico utilizado por los médicos, se extraía de hongos y mohos. El creador utilizó estos jugos y llamó al resultado "zumo de moho". Menos mal que cambiaron el nombre.

○ Las sillas de paseo se diseñaron originalmente para ser tiradas por cabras. Los cochecitos se crearon para la clase media alta, que podía utilizar animales de granja para llevar a sus hijos a todas partes.

○ Thomas Edison grabó vídeos de gatos antes de que existiera Internet. El conocido científico se interesó por las cámaras de cine y grabó una serie de extraños cortometrajes. Uno de ellos se llamaba "Boxing Cats" y mostraba un circo de gatos amaestrados haciendo varias cosas extrañas.

○ ¿Sabe lo que es un fax? Es un invento antiguo que se utilizaba para enviar documentos a distancia, como una forma primitiva del correo electrónico. Hoy en día, no muchas empresas o personas lo siguen utilizando. Todo el mundo tiende a pensar que el fax es un artilugio de los años 80, pero en realidad ya se patentó en 1843.

○ ¿Sabías que utilizamos los manteles de forma equivocada? El propósito original del mantel no era cubrir la mesa, sino ser una especie de servilleta grande. Podías cogerlo y limpiarte la boca o las manos con él, y tu vecino hacía lo mismo. Una especie de gran servilleta comunitaria.

○ Hubo un tiempo en que las escaleras mecánicas asustaban al público en general. De hecho, si yo fuera una persona del pasado que viera una escalera mecánica por primera vez, ¡creo que también me daría miedo! Afortunadamente, los creadores de las escaleras mecánicas contrataron a un hombre con una sola pierna para demostrar lo seguras que eran en realidad. Subió y bajó por la escalera mecánica para demostrar a la gente que era improbable caerse.

○ Hablando de cosas impopulares, ¿sabías que los carritos de la compra no gustaban nada cuando se crearon? Al igual que el inventor de las escaleras mecánicas, el inventor de los carritos de la compra tuvo que contratar a gente para que los paseara por las tiendas de comestibles para que la gente se diera cuenta de lo prácticos que eran.

O Facebook tiene más usuarios que la población de Estados Unidos, China y Brasil juntas. Tus mensajes podrían tener una gran audiencia.

O XploreAir Paravelo es una bicicleta que vuela. Puede alcanzar los 40 kilómetros por hora en el aire y los 1.200 metros de altitud. ¿Te gustaría dar una vuelta en ella?

O Las gafas de sol no se inventaron para proteger los ojos del sol. Se crearon en China para los jueces que querían ocultar sus expresiones faciales durante los juicios.

○ En el mundo actual hay más teléfonos móviles que inodoros domésticos o cepillos de dientes.

Todo es diversión y juegos

○ Barbie se llama Barbara Millicent Roberts y es de Wisconsin. La ciudad de la que procede se llama Willows. Sin embargo, es un lugar ficticio, por lo que no es posible ir al pueblo natal de Barbie.

○ Barbie fue diseñada para parecerse a una muñeca alemana inspirada en un personaje de dibujos animados llamado Bild Lilli.

○ La creta está formada por fósiles de plancton. Se trata esencialmente de caliza bioclástica de grano muy fino, compuesta por caparazones de diversos animales marinos, como foraminíferos, cocolitos y rodolitos.

○ ¿Recuerdas las mágicas bailarinas voladoras? Este juguete salió a la venta a principios de la década de 2000, pero duró poco: tras unos cientos de casos de lesiones causadas por los imprevisibles vuelos de las bailarinas, el producto fue retirado del mercado.

○ Para ser precisos, la GameCube de Nintendo no es un cubo de verdad, ya que mide 11,5 X 15 X 16 cm.

○ Se pueden hacer más jugadas de ajedrez que el número total de átomos del universo. ¡Qué juego más complicado!

○ ¿Sabías que es posible ganar al ajedrez en sólo dos jugadas? Se trata del mate del tonto, una trampa de apertura que se considera el jaque mate más rápido posible en el juego del ajedrez.

○ El creador del yoyó, para ayudar a venderlos y fomentar el interés por su juguete, inició el rumor de que los yoyós se utilizarían como armas. ¡Espero que nadie saliera herido!

○ Pongo se creó originalmente para limpiar papel pintado. Se reutilizó como juguete después de que se descubriera a unos niños jugando con él. Creo que es mejor como juguete; por lo visto, no limpiaba muy bien el papel pintado.

○ El nombre Lego procede de la expresión danesa "leg godt", que significa "juega bien". Es un nombre bastante apropiado para uno de los juguetes más famosos del mundo.

○ ¿Sabías que la Agencia de Seguridad Nacional de Estados Unidos prohibió los Furbies? La agencia temía que los peluches escucharan sus conversaciones secretas y las repitieran a otras personas.

○ Los que juegan al videojuego Call of Duty utilizan en sólo 17 horas la cantidad de munición que el ejército estadounidense en todo un año (unos 1.500 millones).

○ El Sr. Cabeza de Patata fue el primer juguete que apareció en un anuncio de televisión. En él se pedía a los niños que pidieran dinero a sus padres para comprarlo.

○ El juguete más antiguo del mundo es un palo. En 2008, el Salón Nacional de la Fama del Juguete incluyó el palo en su colección de juguetes extraordinarios como el juguete más antiguo del mundo.

○ En 1991, un coche de juguete llamado Little Tikes Cozy Coupe superó las ventas del Honda Accord y el Ford Taurus para convertirse en el coche más vendido de Estados Unidos. Parece una comparación injusta, ya que estoy bastante seguro de que el coche de juguete no era capaz de recorrer largas distancias y su precio era mucho más asequible.

○ La pelota es uno de los juegos más populares de la historia, y en la antigüedad también se utilizaba a menudo en ceremonias sagradas. De hecho, incluso hoy en día los balones se consideran sagrados... ¡sólo hay que preguntar a aquellos para quienes el fútbol es una religión!

○ Se desconoce el origen de la palabra "juguete". Sin embargo, se cree que se utilizó por primera vez en el siglo XIV, cuando los niños jugaban principalmente con muñecos de arcilla y palos.

○ El primer rompecabezas fue ideado en 1762 por un grabador de mapas llamado John Spilsbury que talló un mapa en madera, luego lo cortó en varias piezas y se las dio a los niños para que las unieran.

○ El juguete más caro del mundo se llama Castillo Casa de Muñecas Astolat y cuesta 8,5 millones de dólares. Sería un precio elevado para una casa de verdad, no digamos ya para una casa de muñecas. A ese precio, ¡más vale que sea lo bastante grande para vivir en ella!

○ El juego "Twister" se llamaba originalmente "Pretzel". En realidad tiene sentido, ya que el juego hace que te retuerzas como un pretzel.

○ En la lengua africana swahili, la palabra "jenga" significa "construir", y los bloques de Jenga fueron inventados por una mujer africana llamada Leslie Scott. Su lengua materna era el suajili, así que, naturalmente, bautizó el famoso juego con el nombre de "Jenga".

○ La idea del frisbee surgió de unos estudiantes universitarios de Nueva Inglaterra que se lanzaban moldes para tartas al grito de "¡frisbee!".

Entonces, un hombre llamado Walter Frederick Morrison y sus amigos decidieron crear una versión de plástico del cazo que pudiera volar más lejos y con más precisión.

○ La pediofobia es la fobia incontrolable a ciertos muñecos o marionetas que puede afectar tanto a niños como a adultos. Esta fobia suele estar relacionada con la coulrofobia, el miedo a los payasos.

○ Los lápices de colores Crayola se venden desde hace más de 100 años. La caja original costaba 5 céntimos y sólo contenía ocho lápices de colores.

○ Al parecer, a finales del siglo XVIII, una réplica de medio metro de altura de la guillotina era un juguete muy popular entre los niños franceses.

Dulces, aperitivos y alimentos

○ El Centre for Retail Research afirma que el alimento más robado del mundo es el queso. Según los estudios de este centro de investigación, ¡hasta el 4% de la producción mundial de queso acaba en manos de ladrones!

○ El relleno de barras de Kit Kat no es más que Kit Kats que no se han podido vender porque estaban rotos. En lugar de tirar los Kit Kats rotos, ¡los trituran y los meten dentro de Kit Kats enteros como relleno!

○ La mermelada y la gelatina de fruta son dos cosas distintas. La mermelada se hace con fruta triturada, mientras que la gelatina se hace con zumo de fruta. Tienen sabores y texturas diferentes, así que no las confundas.

○ ¿Sabías que un tentempié puede calmarte? El 25% de las personas afirman que tomar un tentempié les evita crisis emocionales en público. A por un tentempié.

○ Los M&M deben su nombre a dos hombres de negocios. Sus nombres son Forrest E. Mars y Bruce Murrie. Así que los M&M son sinónimo de Mars y Murrie.

○ En Japón había más de 200 sabores de Kit Kats. Entre ellos, té verde, bollo de judías rojas y pimientos picantes y amargos. ¿Probaría alguno de estos sabores?

○ Grandes cantidades de pistachos pueden entrar en combustión espontánea debido a su alto contenido en aceite y a la escasa cantidad de agua que contienen. Por eso se envían en condiciones controladas y se vigilan periódicamente.

○ La música alta puede inducir a beber más y más rápido. Así lo afirma un estudio francés y es la razón por la que los bares suelen poner música de fondo en sus locales.

○ ¿Sabías que las pegatinas que encuentras en la fruta se pueden comer? Aunque tienen baja toxicidad, ¡siempre es mejor quitarlas!

○ En Japón hay una máquina expendedora por cada 40 personas. De hecho, Japón es conocido por tener un gran número de máquinas expendedoras, así como por las cosas extrañas que se encuentran en ellas. Hay máquinas expendedoras de fideos, cámaras y helados, no sólo de bebidas y aperitivos.

○ Originalmente, las naranjas no eran naranjas, sino verdes. En algunos lugares, como Tailandia, las naranjas siguen siendo verdes.

○ Los cacahuetes, técnicamente, no pertenecen a la familia de los frutos secos, sino que son legumbres, como la soja, las lentejas y otras judías.

○ La sede de la CIA, la Agencia Central de Inteligencia, tiene un Starbucks, pero los baristas no pueden escribir los nombres de los agentes en las tazas. Me pregunto cómo saben de quién es el pedido.

○ La ciudad de Montpelier, en Vermont, no tiene McDonald's. Por supuesto, hay muchos lugares que no tienen un McDonald's, pero la rareza es que Montpelier es la capital de un estado, por lo que es bastante inusual que no haya uno. Por otro lado, sin embargo, también es la capital de estado con menos habitantes de todas, con sólo 7.500 ciudadanos.

○ McDonald's creó en su día un brócoli con sabor a chicle. Era un intento de conseguir que los niños comieran más sano, pero al parecer fracasó porque a los niños les confundía el sabor. ¿Los probarías?

○ Si no hubiera mosquitos, ¡tampoco habría chocolate! Estos molestos insectos son, de hecho, los polinizadores de las plantas de cacao y desempeñan un papel clave para garantizar su desarrollo y crecimiento.

○ En 2015, la astronauta Samantha Cristoforetti se llevó un café moca al espacio. ¡Estaba dispuesta a todo! El café de la mañana es imprescindible, incluso si estás en el espacio.

○ Los Doritos se inventaron en Disneylandia. Solía haber un restaurante temático de Frito en Disneylandia que ofrecía bocadillos de harina de maíz con cada comida. Un trabajador del restaurante se dio cuenta de que se tiraban las tortillas que no se usaban. Por eso sugirió cortarlas en triángulos, freírlas y sazonarlas. El restaurante lo probó y a la gente le gustó el sabor del aperitivo. Así que lo añadieron al menú y nacieron los Doritos.

○ Las galletas Oreo son veganas: no contienen productos lácteos ni de origen animal. El relleno no contiene leche ni nata, sino azúcar y aceite.

○ Los Twinkies no duran tanto como se cree: desde luego no aguantan 50 años en una estantería, a pesar de los rumores. Ahora bien, ¿qué comeré en un apocalipsis zombi?

○ Hoy en día, la pimienta es una especia que nunca falta en la despensa de casa, pero antaño se consideraba un bien de lujo. Antes del siglo XVIII, de hecho, se utilizaba incluso para pagar impuestos o como moneda.

○ Ferrero, el fabricante de Nutella, utiliza aproximadamente una cuarta parte de las existencias mundiales de avellanas. Es decir, ¡más de 100.000 toneladas al año! Parece que hay una gran demanda de Nutella.

○ Los polos los inventó un tipo que dejó accidentalmente una mezcla de refresco en polvo y agua en el congelador durante toda la noche.

○ La comida basura es adictiva a propósito por su textura y las sustancias químicas que contiene. Estas sustancias producen dopamina en nuestro cerebro, que es la sustancia química de la felicidad. El crujido, la respuesta salival y el sabor pueden ser adictivos.

○ Una vez demandaron a Taco Bell porque alguien afirmó que la carne de sus tacos no era carne de verdad. La empresa respondió afirmando que la carne de su producto era 88% de vacuno. ¿Y qué hay en el 12% restante? Aditivos y condimentos.

○ El inventor de los sándwiches es conocido como el Conde del Sándwich. Su verdadero nombre era John Montagu y, al parecer, un día estaba jugando a las cartas y no quería levantarse de la mesa ni para comer. Así que pidió dos rebanadas de pan con carne asada en el centro, para poder comerla con una sola mano. Así nació el sándwich.

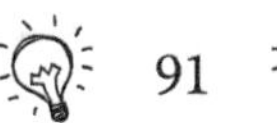

○ La pizza hawaiana se creó en Canadá. Este es otro caso de denominación engañosa de un producto alimenticio. El creador de la pizza hawaiana fue un greco-canadiense llamado Sam Panopoulos. Tenía una pizzería y decidió arriesgarse añadiendo piña a una de sus pizzas. A sus clientes les encantó. Así nació la famosa pizza de piña. Empezó a llamarla "pizza hawaiana" por la marca de piña enlatada que utilizaba.

○ Los antiguos romanos mojaban las tostadas en vino. Eso me parece asqueroso, y lo peor es que el pan tenía más probabilidades de quemarse que de tostarse. Al parecer, los romanos creían que el pan quemado ayudaba a que el vino malo supiera mejor. Y parece que tenían razón. Los científicos modernos han descubierto que el carbono del pan tostado reduce la acidez del vino.

○ Hablando de vino, la botella de vino más cara jamás vendida costó la increíble cifra de 558.000 dólares. Se vendió en 2018 a un coleccionista. Se trataba de una botella extremadamente rara de la añada de 1945, por lo que ¡tenía más de 70 años! Con solo 600 botellas producidas en total, fue una compra realmente rara.

○ La botella de vino sin abrir más antigua del mundo se descubrió en Alemania en 1867. Se llama botella de vino de Speyer y se cree que data de entre los años 325 y 350 de nuestra era. Nunca se ha abierto, pero su contenido ha envejecido a lo largo de los siglos hasta convertirse en un líquido aceitoso y lechoso.

○ ¿Sabías que en Inglaterra y América se creía que los tomates eran venenosos? Afortunadamente, el coronel Robert Gibbon Johnson no creyó este rumor y decidió desmentirlo de una vez por todas comiéndose uno delante de los asustados ciudadanos de Salem City. Una multitud se reunió para presenciar la demostración, incluido un médico, ¡por si acaso! Por supuesto, al coronel Johnson no le pasó nada y el rumor quedó ahí. Así que no sólo tenemos que agradecerle los tomates, sino también la pizza y el ketchup.

○ Los plátanos pueden ser radiactivos. No dejes de comer plátanos: ¡son muy buenos para ti! Es el potasio de su interior el que se descompone y los hace radiactivos, pero en cantidades ínfimas. Tendrías que comer miles de plátanos para intoxicarte por radiación.

○ Las almendras forman parte de la familia de los melocotones, técnicamente llamada familia de los prunus. De hecho, si se abre el hueso de un melocotón, se puede ver que tiene un aspecto similar al de una almendra. Sin embargo, son dos frutas diferentes. Las almendras y los melocotones son más bien primos.

○ El aguacate es una fruta, no una verdura. Más concretamente, los botánicos definen el aguacate como una baya grande con una sola semilla. No es tan dulce como otras frutas, pero ofrece excelentes beneficios para la salud. En cualquier caso, ¡el aguacate es delicioso!

○ Hay una fruta que sabe a pudin de chocolate. Se llama zapote negro y también se conoce como la fruta del pudin de chocolate. Incluso parece un gran trozo de chocolate. Se cultiva en las zonas subtropicales de Australia, pero también puedes cultivarlo en tu jardín si tienes buena tierra y no pasas inviernos duros. ¡Es hora de dedicarse a la jardinería!

○ El chile Dragon's Breath es tan picante que puede llevarte al hospital. Este peligroso chile tiene una unidad Scoville de 2,48 millones. Por increíble que parezca, ni siquiera es el chile más picante del mundo. Pepper X lo ha superado recientemente con una impresionante cifra de 3,18 millones de Scoville. Para que te hagas una idea de lo increíblemente picante que es, compáralo con un chile jalapeño, que tiene entre 2,5 y 8 mil Scoville.

○ ¿Sabías que el algodón de azúcar, uno de los peores dulces para la salud dental, fue inventado por un dentista? Probablemente lo hizo para impulsar su negocio, ¿verdad?

○ La nuez moscada puede alterar tu mente si la tomas en exceso. Este fenómeno se denomina intoxicación por miristicina y puede producirse consumiendo hasta dos cucharaditas de nuez moscada. Los síntomas incluyen confusión, mareos, sequedad de boca y aturdimiento.

○ Hay una fruta que sabe a pudin de chocolate. Se llama zapote negro y también se conoce como la fruta del pudin de chocolate. Incluso parece un gran trozo de chocolate. Se cultiva en las zonas subtropicales de Australia, pero también puedes cultivarlo en tu jardín si tienes buena tierra y no pasas inviernos duros. ¡Es hora de dedicarse a la jardinería!

○ El chile Dragon's Breath es tan picante que puede llevarte al hospital. Este peligroso chile tiene una unidad Scoville de 2,48 millones. Por increíble que parezca, ni siquiera es el chile más picante del mundo. Pepper X lo

ha superado recientemente con una impresionante cifra de 3,18 millones de Scoville. Para que te hagas una idea de lo increíblemente picante que es, compáralo con un chile jalapeño, que tiene entre 2,5 y 8 mil Scoville.

○ ¿Sabías que el algodón de azúcar, uno de los peores dulces para la salud dental, fue inventado por un dentista? Probablemente lo hizo para impulsar su negocio, ¿verdad?

○ La nuez moscada puede alterar tu mente si la tomas en exceso. Este fenómeno se denomina intoxicación por miristicina y puede producirse consumiendo hasta dos cucharaditas de nuez moscada. Los síntomas incluyen confusión, mareos, sequedad de boca y aturdimiento.

Cuestionario sobre cultura pop

¡Música, maestro!

○ En 2016 Mozart fue el artista que más CD vendió, superando a Adele, Beyonce y Drake, ¡a pesar de que murió hace más de trescientos años! ¡Imagínate si vuelve y hace una gira!

○ "Bohemian Rhapsody" fue la canción más escuchada del siglo XX, pero solo en 2019 se convirtió en la canción de rock clásico más escuchada de todos los tiempos. En 2019 alcanzó los mil millones de reproducciones en YouTube.

○ Sabías que cantar en grupo puede mejorar el estado de ánimo? Reduce la hormona del estrés y aumenta la hormona del bienestar. ¡Incluso puede beneficiar a tu salud física!

○ "Wannabe", de las Spice Girls, es oficialmente la canción más pegadiza de todos los tiempos. Un estudio demuestra que la gente puede reconocer el estribillo en menos de tres segundos.

○ La capital mundial del heavy metal es Finlandia. El país escandinavo tiene el mayor número de bandas de metal per cápita. La ciudad con mayor proporción de personas por banda es Lemi, que solo tiene 3.076 habitantes pero cuenta con 13 bandas de metal.

O En 2015, un astronauta canadiense publicó un álbum en el que todas las canciones se grabaron en el espacio. ¡Debe de ser un álbum espacial!

O Las canciones de Britney Spears están siendo utilizadas por la marina británica para ahuyentar a los piratas somalíes de la costa de África. Al parecer, los piratas somalíes odian la música occidental y huyen cuando oyen cantar a Britney Spears. Resulta que me gusta la música de Britney, pero me parece bien que los piratas sean un poco snobs en lo que a música se refiere.

O "Jingle Bells", la famosa canción navideña, estaba pensada para Acción de Gracias. Se publicó en 1857 con el nombre original de "The One Horse Open Sleigh" (El trineo abierto de un caballo) y estaba destinada a ser cantada por un coro escolar el Día de Acción de Gracias.

O La música afecta a nuestros sentimientos. La música alegre y optimista hace que nuestro cerebro produzca sustancias químicas como la dopamina y la serotonina, mientras que la música relajante calma la mente y el cuerpo.

O Según un mito popular, la música ayuda a las plantas a crecer, y algunas personas hacen que sus plantas escuchen determinados grupos y canciones con la esperanza de que les ayuden a crecer grandes y fuertes.

O Ninguno de los Beatles sabía leer ni escribir música. Esto demuestra que se puede tener mucho éxito aunque no se sea bueno en todo.

O Un violín ostenta el récord del instrumento musical más caro de la historia, ya que se vendió por 15,9 millones de dólares. No quiero ni pensar lo que costaría cambiar una cuerda rota.

O El único grupo que ha tocado en los siete continentes es Metallica. Eso significa que incluso han dado un concierto en la Antártida.

O Los estudiantes que interpretan música o asisten a cursos de apreciación musical obtienen mejores resultados en los exámenes. Según el College Board de EE.UU., en 2006, los estudiantes que practicaban música obtuvieron una media de 57 puntos más en la parte de lengua y 43 puntos más en la parte de matemáticas del examen.

O La actividad cerebral aumenta al escuchar música. Se ha demostrado que escuchar música aumenta la neurogénesis en el hipocampo, lo que mejora la memoria y favorece la producción de nuevas neuronas.

O Existe un órgano diseñado para durar 639 años. Este órgano toca solo la pieza "As Slow as Possible", escrita por John Cage. Si no se estropea, el instrumento tocará hasta el año 2640. Y yo que pensaba que las películas de El Señor de los Anillos duraban mucho.

○ La música favorece la salud del corazón. Se ha demostrado que la música influye en el ritmo cardíaco y la presión arterial, sobre todo en pacientes con enfermedades coronarias. Escuchar música relajante reduce la frecuencia cardiaca y respiratoria, así como la demanda de oxígeno del corazón de los pacientes.

○ El eminente Oxford English Dictionary ha incluido el término "Stan" en el diccionario de la lengua inglesa a partir de una famosa canción de Eminem del año 2000. El término significa "fan obsesionado con una celebridad" y puede utilizarse como sustantivo o verbo.

○ Las vacas producen más leche cuando escuchan música, sobre todo música clásica. ¿Quién iba a decir que las vacas tenían tanta clase?

○ La música ayuda a las personas con lesiones cerebrales a recuperar recuerdos. Esto se debe a que la música reactiva las áreas del cerebro asociadas a la memoria, el lenguaje, el razonamiento y las emociones, y puede ayudar a recuperar recuerdos almacenados.

○ El ejército de Múnich es más pequeño que su orquesta militar. Evidentemente, el país necesita más músicos que combatientes. Haz música, no la guerra.

○ En su primer álbum, Prince, prolífico artista de los años 80, tocó nada menos que 27 instrumentos diferentes. No está nada mal.

○ Shakira es la primera persona del mundo en conseguir más de 100 millones de me gusta en Facebook. ¡Y sólo era una foto suya!

○ Hasta 23 personas tocaron un solo piano en 2019. Son los alumnos de la Escuela de Música Isidor Bajic que ahora ostentan el récord de personas que más veces han tocado un piano.

○ "Despacito", de Luis Fonsi, tiene siete récords mundiales. Es la canción con más visitas en YouTube y ha permanecido 56 semanas seguidas en la lista Hot Latin Songs de Billboard.

○ Elvis Presley es el solista que más discos ha vendido en el mundo. Incluso después de su muerte, vendió más de mil millones de copias en todo el mundo.

○ En realidad, Elvis Presley era rubio, como demuestran algunas fotos suyas en casa de su madre. Como en aquella época el pelo rubio indicaba poca hombría, el rey del rock 'n roll empezó a teñirse el pelo de negro a finales de los años 50 con betún de zapatos.

○ Elvis Presley dio un total de 636 actuaciones sólo en Las Vegas. Fue su escenario principal durante siete años y agotó todas las entradas.

○ El mayor grupo de pop del mundo se llama AKB 48 y, a pesar del nombre, en realidad tiene unos 130 miembros. ¡Debe de ser una pesadilla para ellos ensayar!

○ Existen cinco tipos de instrumentos musicales: los idiófonos, que son instrumentos con cuerpos que vibran para crear sonido; los membranófonos, instrumentos de percusión como los tambores; los cordófonos, instrumentos de cuerda; los aerófonos, en los que se utiliza principalmente el aire para crear sonido; y, por último, los electrófonos, que son instrumentos electrónicos.

○ ¿Sabías que las orquestas no siempre necesitan directores? Sin embargo, los directores ayudan a los músicos a captar el verdadero sentimiento de la música.

○ ¿Sabías que se necesitan entre 70 y 85 piezas de madera para fabricar un violín? Las maderas con las que se fabrica el instrumento tienen una importancia fundamental para el sonido del violín. Durante años se ha utilizado el arce para la parte inferior y el abeto para la superior.

○ Etimológicamente, la palabra "karaoke" significa "sin orquesta". Tiene sentido, ¿verdad? De hecho, el karaoke consiste en cantar solo o con un pequeño grupo al ritmo de música pregrabada. A veces puede ser incómodo, pero muy divertido.

○ La canción de Eminem "Lose Yourself" ganó el Oscar a la mejor canción original, convirtiéndose en la primera canción de rap en recibir un Oscar.

○ Mariah Carey aseguró sus cuerdas vocales por 35 millones de dólares. Si alguna vez le pasa algo a sus cuerdas vocales, estará cubierta.

○ Uno de los trabajos de Nicki Minaj antes de hacerse famosa era servir mesas en Red Lobster. Nunca se sabe quién va a ser el camarero o camarera que te atienda en el restaurante en los próximos años... ¡también puedes pedirle un autógrafo!

○ Jimi Hendrix, guitarrista legendario, estudió guitarra de forma autodidacta y nunca aprendió a leer música. ¡Impresionante!

○ De niña, Beyonce cobraba cinco dólares a su familia y amigos por asistir a sus actuaciones. ¡Ha estado muy ocupada desde niña! ¡Ojalá ahora una actuación suya costara sólo cinco dólares!

○ El fundador de las guitarras Fender no sabía tocar la guitarra. Resulta irónico, dado que es uno de los mayores fabricantes de guitarras del mundo.

○ En 1985, Michael Jackson compró los derechos de la mayor parte de la música de los Beatles por 47,5 millones de dólares. ¡Hoy valen más de 450 millones de dólares! Una buena inversión, diría yo.

○ El Himno a Nikkal de Hurrian se considera la canción más antigua del mundo; es un canto religioso dedicado a una diosa. Los eruditos modernos tienen ideas bastante claras sobre cómo debe interpretarse, y en YouTube se pueden encontrar diferentes interpretaciones. Es como viajar en el tiempo y escuchar música de hace más de tres mil años.

○ Algunas personas no sienten nada cuando escuchan música. Es lo que se denomina anhedonia musical, un trastorno neurológico que consiste en la incapacidad de sentir placer o sentirse afectado por la música.

○ Las batallas de rap existen desde el siglo V. Se llamaban "Flyting". Se llamaban "Flyting" y se producían cuando dos poetas se insultaban por turnos en verso. Incluso en la antigua literatura nórdica los dioses se desafiaban insultándose con rimas.

○ Una de las canciones más conocidas del mundo es "Cumpleaños feliz", por lo que cabría pensar que su uso sería libre. En cambio, cuando un programa de televisión o una película la utilizan, ¡tienen que pagar los derechos al propietario! La canción sigue generando unos 5.000 dólares al día.

○ Dolly Parton participó una vez en un concurso de imitadores de Dolly Parton, ¡y perdió! El público pensó que las otras concursantes se parecían más a Dolly Parton que ella misma. Pobre Dolly... ¡esperemos que no tuviera una crisis de identidad! Otro dato interesante sobre la famosa cantante es que escribió dos piezas legendarias en un solo día: "Jolene" y "I Will Always Love You".

○ El himno nacional griego completo consta de 158 estrofas y, dependiendo de cómo se cante, puede tardar entre seis minutos y una hora en interpretarse.

○ La persona más joven en recibir un premio Grammy fue LeAnn Rimes, que lo recibió con sólo 14 años por Mejor Artista Revelación y Mejor Interpretación Vocal Country Femenina.

○ Aretha Franklin fue la primera mujer en entrar en el Salón de la Fama del Rock and Roll en 1987. Fue presentada como la "Reina del Soul" y sigue siendo una de las artistas más famosas de la historia de los premios Grammy.

○ ¿Alguna vez has escuchado una canción y no has podido quitártela de la cabeza? Un grupo de estudiosos del Reino Unido ha revelado que puede haber una manera: ¡mascar chicle! Pruébalo.

○ Escuchar música a la hora de dormir ayuda a conciliar el sueño más rápido y a dormir mejor. Esto se debe a que la música es capaz de relajar ciertas partes del sistema nervioso, lo que provoca una respiración más lenta y una reducción de la frecuencia cardiaca y la tensión arterial.

Magia de cine y TV

○ Sean Connery llevó peluca en todas las películas de James Bond que protagonizó, porque empezó a perder el pelo a la tierna edad de diecisiete años. ¡Quién hubiera imaginado que el famoso espía llevaría peluca!

○ Toto, el perro de la famosa película El mago de Oz, cobraba más que algunos actores humanos: ganaba unos 125 dólares a la semana. Sin embargo, en contra de lo que afirman algunos, no ganaba más que la estrella de la película, Judy Garland.

○ El protagonista de Guardianes de la Galaxia, Chris Pratt, robó su traje de Star-Lord del plató para llevarlo durante sus visitas a niños enfermos en el hospital.

○ En Star Trek, el sonido de las puertas automáticas de la nave espacial al abrirse y cerrarse es en realidad el que hace un tren ruso al tirar de la cadena. Me encantaría saber a quién se le ocurrió la idea.

○ Los niños del plató de la película Maléfica estaban realmente asustados de Angelina Jolie disfrazada de bruja. Todos menos la niña que interpretaba a la versión joven de Aurora, que era hija de Angelina.

○ ¿Te has preguntado alguna vez por qué los primeros personajes de Disney llevaban guantes? Porque son más fáciles de dibujar y animar.

○ Los trailers de las películas se proyectaban después del final de la película. Por eso se llaman "trailers", que en inglés significa "carro para enganchar a un coche", porque siguen a la película.

○ El guión de Terminator se vendió por apenas un dólar. James Cameron, el director, vendió el guión a una productora llamada Gale Anne Hurd por una cantidad tan baja sólo para tener la oportunidad de dirigir la película.

○ ¿Recuerdas el retrato de Jack a Rose en uno de los momentos más memorables de la película Titanic? Ese, así como todos los demás dibujos que aparecen en la película, fueron realizados por el propio director, James Cameron.

○ Un empleado de Pixar borró accidentalmente parte de Toy Story 2 durante la producción. Afortunadamente, otro empleado tenía una copia de seguridad de las escenas eliminadas en su portátil.

○ Para interpretar al científico Stephen Hawking en la película La teoría del todo, Eddie Redmayne bajó unos 7 kg y entrenó durante varios meses para contorsionar su cuerpo y retratar con veracidad la atrofia muscular progresiva que padecía el protagonista.

○ Al parecer, Stanley Kubrick, el famoso director estadounidense, era un maniático del detalle y muy preciso en el plató, por lo que era capaz de rodar la misma escena muchas veces hasta dejar exhaustos a los actores. Después de rodar la película 2001 Una odisea del espacio, Kubrick destruyó todo el atrezzo para que no pudiera reutilizarse en otras producciones del mismo género. No es muy colaborativo.

○ ¡Existe una aplicación para encontrar fantasmas a tu alrededor! Se llama Ghost Detector Radar y te permite visualizar tu entorno con un efecto gráfico que simula una dimensión paralela en la que encuadrar a los fantasmas que necesitas atrapar. Además, puedes incluso interactuar con los fantasmas haciéndoles preguntas.

○ En la serie de televisión Expediente X, Gillian Anderson tenía que subirse a menudo a una caja para compensar la diferencia de altura entre ella y su compañero de reparto, David Duchovny. La diferencia de 25 cm dificultaba el rodaje cuando los dos actores estaban juntos en la misma toma.

○ Buffy Cazavampiros fue la primera serie en utilizar la palabra 'googleada'. Google ya existía, por supuesto, pero "googlear" algo no era una terminología al uso hasta que se utilizó en la serie.

○ Jim Carrey hizo varias audiciones para formar parte del reparto de Saturday Night Live, pero nunca fue elegido. ¡Lo que se perdieron!

○ En una de las muchas escenas de acción de la película Speed, Keanu Reeves rompió la ventanilla del autobús estrellándose contra ella. El incidente no formaba parte del guión, pero la toma era tan realista que el director decidió mantenerla en el montaje final.

O En Los Simpson, el eslogan de Homero "D'oh" aparece en el guión como "gruñido molesto". La palabra se incluyó en el Oxford English Dictionary en 2001.

O El rugido del león que se escucha al principio de las películas de MGM es una marca registrada, lo que significa que nadie más puede utilizarlo sin pagar a la empresa. El rugido es el de un león de verdad, al igual que la imagen del logotipo. A lo largo de los años, se han utilizado siete leones diferentes para el logotipo. Recientemente, la empresa ha cambiado a un león hecho por ordenador. ¿Se nota la diferencia?

O La película más antigua del mundo es Roundhay Garden Scene, del inventor francés Louis Le Prince. Data de 1888 y muestra a gente paseando y bailando en un jardín, ¡pero sólo dura 2,11 segundos!

O La primera película de animación del mundo se rodó en Argentina. Veinte años antes de Blancanieves y los siete enanitos de Disney, se creó una película de animación llamada El Apóstol. Constaba de unos 58.000 dibujos, todos juntos para crear una película de 70 minutos. Desgraciadamente, la película fue destruida en un incendio y no existen copias.

Ataque al arte

O La famosa Mona Lisa de Leonardo recibe regularmente cartas de amor, flores y poemas. Sin embargo, dudo que alguna vez responda a sus admiradores.

○ Hablando de la Mona Lisa, el cuadro no era tan famoso hasta que fue robado en 1911. Un hombre llamado Vincenzo Peruggia cometió uno de los robos de arte más infames al sustraer el cuadro del Louvre. Sólo entonces se hizo famosa la Mona Lisa.

○ Al parecer, Leonardo da Vinci dejó la Mona Lisa inacabada durante varios años. El comisario nunca recibió el cuadro y, por tanto, nunca se pagó por él.

○ Leonardo da Vinci era vegetariano. Se preocupaba tanto por los derechos de los animales que compraba pájaros enjaulados en el mercado y los liberaba.

○ Un artista llamado Willard Wigan hacía esculturas tan pequeñas que incluso llegó a inhalar una. Era una obra que representaba a Alicia, de Alicia en el País de las Maravillas. Sus obras son tan pequeñas que hay que utilizar un microscopio para verlas. Si hay que tragarse una escultura, mejor una microscópica.

○ En la provincia de Piacenza, Italia, hay un museo especial dedicado enteramente a... la caca. El Museo della Merda ilustra a sus visitantes sobre la utilidad y reutilización de esta sustancia maltratada como abono en la agricultura, como material básico para ladrillos y yeso, e incluso como productor de metano. También muestra todos los posibles usos de esta "sustancia preciosa" desde el pasado hasta nuestros días.

○ Vincent Van Gogh pintó La noche estrellada mientras estaba ingresado en un psiquiátrico. El pobre Vincent sufría una enfermedad mental y necesitaba paz y tranquilidad en un hospital privado. Le dieron más libertad que a los demás pacientes y tuvo tiempo de pintar uno de sus cuadros más famosos.

O ¿Sabías que Van Gogh sólo vendió uno de sus cuadros en vida? Esto demuestra lo infravalorado que estaba como artista... sólo se hizo famoso tras su muerte.

O Si se te da bien el arte, lo más probable es que también se te dé bien leer. Esto se debe a que el arte mejora las habilidades verbales y de comprensión, y los que son buenos en arte muestran excelentes habilidades de pensamiento que ayudan a analizar y resolver problemas.

O ¿Sabías que las cabezas de las estatuas romanas se podían separar? Las estatuas se hacían con esta característica para poder quitar la cabeza y sustituirla por otra en caso de que se quisiera cambiar a la persona representada.

O Pablo Picasso aprendió a dibujar antes de aprender a andar, y su primera palabra fue "lápiz" en español. Algunas personas nacen con las ideas claras.

O ¿Conoces el famoso cuadro El grito, del expresionista Edvard Munch? ¿Sabía que existen otras cinco versiones del mismo? Las dos primeras, de 1893, se realizaron en témpera y pastel sobre cartón; una tercera versión, de propiedad privada, se creó en 1895 con pasteles; y la cuarta versión, del mismo año, consistió en una litografía en blanco y negro. La última versión, de 1910, se conserva en el Museo Munch de Oslo. La obra fue increíblemente robada en 2004 y encontrada en 2006.

O La primera novela escrita termina a mitad de frase. Se titula La historia de Genji y fue escrita en el siglo XI por Murasaki Shikibu. Después de 54 capítulos, la novela se detiene justo en medio de una frase. Un verdadero cliffhanger. Todo el mundo debía de estar un poco molesto por no saber qué le había pasado a Genji.

O Un artista llamado Andy Brown cosió 1.000 bolsitas de té para crear un retrato de la Reina Isabel II.

○ Algunas investigaciones sugieren que la autoestima aumenta cuanto más practica el arte una persona. Así que, ¡ve a pintar un cuadro y siéntete bien contigo mismo!

Aves, mamíferos y marsupiales

○ Los osos polares son casi invisibles para las cámaras de infrarrojos. Esto se debe a que su pelaje retiene la temperatura ambiente y los hace relativamente invisibles a las cámaras de infrarrojos.

○ Los osos polares tienen la piel negra. Se trata de una adaptación que les ayuda a absorber el máximo calor posible del sol.

○ Los puercoespines pueden flotar gracias a sus espinas huecas que atrapan el aire y tienen una masa inferior que les permite flotar en el agua como un pato de piscina.

○ El cerebro del avestruz es más pequeño que sus ojos, que tienen el tamaño de bolas de billar. Los ojos ocupan tanto espacio dentro del cráneo que el cerebro del animal ha evolucionado hasta ser diminuto.

○ Las patadas del avestruz son tan fuertes que pueden herir a un león. Afortunadamente, los avestruces sólo patean cuando se les provoca, así que si te encuentras con uno, ¡ten cuidado!

○ Los colibríes pueden volar hacia atrás y son los únicos animales capaces de hacerlo. Lo hacen batiendo las alas entre 20 y 80 veces por segundo. Pueden volar hacia arriba y hacia abajo, hacia delante y hacia atrás. ¡Qué talento!

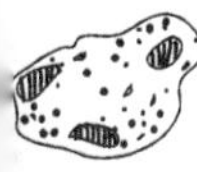

○ Los gatos tienen 32 músculos en cada oreja. Estos músculos les permiten orientar y girar las orejas para localizar la fuente de un ruido. También pueden mover cada oreja de forma independiente.

○ La orina de los gatos puede brillar bajo una luz ultravioleta porque contiene principalmente fósforo. La orina aparece como manchas verdes o amarillas.

○ Los gatos pueden emitir unos 100 sonidos, mientras que los perros sólo unos diez. Además, los gatos pueden emitir sonidos que sólo se dirigen a los humanos que los rodean. Tienen un lenguaje propio.

○ Los gatos adultos no toleran la lactosa. Sólo los gatitos jóvenes tienen la digestión adecuada para beber leche y productos lácteos.

○ Los gatos sólo tienen cuatro dedos en las patas traseras. Los científicos creen que evolucionaron así para poder correr más rápido.

○ El tigre tiene la piel a rayas, igual que su pelaje. Si se la afeitara toda, un tigre mostraría las mismas rayas en la piel que en el pelaje. Las rayas sirven para ocultar al animal cuando caza o escapa de los depredadores.

○ Los perezosos tienen más huesos en el cuello que las jirafas. El cuello de un perezoso tiene diez vértebras, mientras que el de una jirafa sólo tiene siete.

○ Los perezosos pasan cerca del 80% de su vida durmiendo. Duermen entre 15 y 20 horas al día, es decir, ¡casi todo el día! Incluso cuando están despiertos, permanecen inmóviles, como si estuvieran dormidos.

○ Los perezosos son tan lentos que incluso tardan en hacer la digestión. En la mayoría de los casos, un perezoso tarda unas dos semanas en digerir la comida que ingiere.

○ Los perezosos no son los únicos animales a los que les gusta dormir. Los koalas pueden dormir hasta 22 horas al día. Esto se debe a que la comida que ingieren es muy rica en fibra y requiere mucha energía para digerirla y eliminarla.

○ Las huellas dactilares de los koalas son tan parecidas a las humanas que la policía las confundió en la escena de un crimen. Me pregunto: ¿qué hacía un koala en la escena de un crimen? Hum… ¡que parezcan tan mimosos no significa que sean inocentes!

○ Los wombats hacen cacas cúbicas. Esto se debe a que sus intestinos tienen dos ranuras que moldean la caca con esta interesante forma.

○ La caca de paloma pertenece a la familia real británica. Esto se debe a que, en el siglo XVIII, los excrementos de paloma se utilizaban para fabricar pólvora, por lo que el Rey los reclamó como propiedad de la Corona. No sé si todavía los quieren.

○ Los elefantes no pueden saltar. Los huesos de sus tobillos son inflexibles y sus patas no pueden darles el "empuje" básico para levantarse del suelo. Además, son bastante pesados, lo que probablemente no ayuda.

○ Los elefantes desconfían de los humanos. Tienen una alarma específica que significa "se acercan humanos".

○ Al igual que los bebés se chupan el dedo para consolarse, los elefantes bebés se chupan la trompa. ¡Qué mono!

○ Las vacas tienen un solo estómago, pero con cuatro compartimentos. Estos compartimentos son el rumen, el retículo, el omaso y el abomaso.

○ Las vacas suelen dormir de pie. Sin embargo, cuando quieren dormir profundamente, se tumban como el resto de nosotros.

O Una vaca puede producir unos 200.000 vasos de leche a lo largo de su vida. ¿Crees que tú puedes beber tanto?

O El ornitorrinco, en cambio, no tiene estómago. A diferencia de los animales normales y los humanos, que tienen un estómago donde los ácidos y las enzimas digieren los alimentos, en el ornitorrinco el esófago conecta directamente con el intestino.

O Los flamencos sólo son rosas por lo que comen. Las sustancias que les dan ese color se llaman carotenoides y están contenidas en las algas de las que se alimentan las artemias, pequeños crustáceos de agua salada. Como a los flamencos les gusta comer artemia, sus plumas se vuelven rosas.

O El flamenco come boca abajo. Quién sabe, ¿quizá así la comida sabe mejor?

O Los conejos nacen con los ojos y las orejas cerrados y sin pelo, por lo que su aspecto es muy distinto del que conocemos.

O Las ratas se ríen cuando se les hacen cosquillas. Los científicos han demostrado que las ratas se ríen cuando se les hacen cosquillas o se juega con ellas. Me pregunto cómo reaccionarían ante una broma supergraciosa.

O Los roedores no pueden eructar. Sus estómagos no tienen una estructura que les permita hacerlo. ¿Cómo lo harán si no han hecho bien la digestión?

O Sólo un tipo de mamífero tiene alas. Se trata del murciélago. Hay más de 1.100 especies de murciélagos en todo el mundo y todas pueden volar.

O Los murciélagos pueden comer unos 1.000 insectos en una hora. La mayoría de la gente no puede comer ni un insecto, y mucho menos 1.000.

○ Los murciélagos no pueden andar. Los huesos de sus patas son tan finos que, si intentan caminar, se rompen.

○ Se dice que el murciélago de Daubenton, una especie de murciélago europeo, tiene uno de los músculos más rápidos del reino animal. Se dice que las contracciones de este músculo son 20 veces más rápidas que las de los músculos más veloces del cuerpo humano, los que controlan el movimiento de los ojos.

○ Los dálmatas nacen sin manchas y con un pelaje blanco puro: las manchas aparecen a la edad de unos tres o cuatro meses.

○ Los perros sudan por las almohadillas de las patas, no por la piel. Sus glándulas sudoríparas funcionan de forma similar a las glándulas sudoríparas humanas, pero están situadas en las almohadillas de las patas.

○ Normalmente, los perros sólo olfatean con la fosa nasal derecha, pero si algo huele bien, empiezan a hacerlo también con la izquierda.

○ El olfato de un perro es 100.000 veces más potente que el de un ser humano. Son muchos olores... ¡debe de ser abrumador para nuestros amigos de cuatro patas!

○ Los canguros recién nacidos son del tamaño de una judía, de un centímetro de largo. Se arrastran por la piel del vientre de su madre y se introducen en la bolsa donde se alimentan.

○ Sin cola, un canguro no podría saltar. De hecho, la cola sirve para contrarrestar el centro de gravedad en el complejo procedimiento del salto.

○ Un dato curioso: cuando duermen, las nutrias se cogen de la mano para no quedarse dormidas.

○ Los guepardos son los animales terrestres más rápidos. Son capaces de pasar de 0 a 100 kilómetros por hora en menos de tres segundos. Sin embargo, sólo pueden mantener esta velocidad durante distancias cortas.

○ ¿Has olido alguna vez una mofeta? Es tan potente que se puede oler hasta a 6,5 kilómetros de distancia. ¡Qué asco!

○ ¿Sabías que el animal más pequeño del mundo es el murciélago abejorro, que pesa menos de 2 gramos? A este diminuto animal también se le conoce como murciélago nariz de cerdo de Kitti... qué mal nombre para un animalito tan mono.

○ El caparazón de los armadillos es a prueba de balas; ¡las balas pueden rebotar fácilmente en su caparazón e impactar en otra cosa!

○ Los pavos pueden sonrojarse. La pálida piel de sus cabezas se vuelve roja, blanca o azul cuando están asustados, excitados o mirando a una posible pareja.

○ Los humanos no son los únicos animales que sueñan. La mayoría de los mamíferos sueñan.

○ ¿Sabías que los jabalíes son animales bastante limpios? Antes de comer, llevan su comida a los arroyos cercanos para asegurarse de que está limpia.

○ Algunos cuernos de rinoceronte están hechos de pelo. Estos pelos son muy, muy resistentes y muy peligrosos. ¿Te gustaría tener un pelo tan peligroso como el de los rinocerontes?

○ Alrededor del 50% de los orangutanes tienen huesos rotos y fracturados porque se caen a menudo de los árboles. Aunque parezcan tan cómodos en los árboles, los orangutanes tienen muchos accidentes. Quizá se podría inventar un nuevo trabajo: ¿capturador de orangutanes?

O Los animales con un metabolismo rápido, como las ardillas, perciben el tiempo de forma diferente, como si la vida en el exterior transcurriera a cámara lenta. Parece un superpoder.

O Hubo una vez una especie de pingüino llamada pingüino coloso que desgraciadamente se extinguió hace unos 37 millones de años. Eran tan altos como LeBron James, es decir, medían 1,80 metros, ¡y pesaban unos 250 kilos!

O Hablando de pingüinos, ¿sabías que los machos regalan guijarros y piedras a la hembra que han elegido como muestra de su amor? ¿Y por qué no?

O Cuando nace, un panda es más pequeño que un ratón y pesa sólo 4 onzas. Sólo más tarde se hace muy grande. Es una locura lo grandes que crecen.

O Todos los pandas gigantes de los zoológicos estadounidenses son sólo huéspedes, no residentes permanentes. Los presta China. Esto también se aplica a los pandas nacidos en Estados Unidos: ¡siempre pertenecen a China!

O ¿Sabías que los búhos no tienen ojos? Tienen tubos oculares. Te miran con esos grandes y aterradores tubos oculares.

O Las ovejas y los conejos son inmunes al veneno de la araña viuda negra. Qué suerte. Sin embargo, me pregunto con qué frecuencia les pican las arañas viuda negra.

O En la Tierra existen unos animales microscópicos y muy resistentes llamados Tardígrados. Pueden sobrevivir a 150 grados Celsius, o -270

grados Celsius. Incluso pueden aguantar décadas sin comer. Sin embargo, para verlos necesitamos microscopios especiales.

O Las cabras son capaces de adoptar el acento de las demás. Así que si oyes a una cabra decir "beee" de una forma extraña, ¡es posible que tenga acento!

O Los caballos pueden hacer expresiones faciales. Los científicos han identificado unos 14 movimientos faciales diferentes en el hocico de un caballo.

O Los monos lechuza de Azara son monógamos: se sabe que permanecen fieles a su pareja hasta 9 años.

O Para protegerse de las tormentas de arena, el camello ha desarrollado una ceja gruesa y una doble línea de pestañas. También es capaz de cerrar herméticamente la boca y las fosas nasales.

O Antes de salir del huevo, un polluelo se comunica con la gallina madre y sus hermanos con sonidos especiales que pueden penetrar el grosor del cascarón.

O El ave más común del planeta es la quelea de pico rojo. Sus bandadas son tan impresionantes que pueden devastar cosechas enteras. Son comunes en muchas partes del mundo con climas tropicales y subtropicales. Desgraciada o afortunadamente, ¡en Italia no hay ninguna!

O Quizá ya hayas oído la expresión "sudar como un cerdo". En realidad, los cerdos no sudan porque no tienen glándulas sudoríparas. Los humanos sudan más que los cerdos, así que la frase correcta sería "sudar como un humano". Lo sentimos, cerdos.

○ Los cerdos no pueden mirar hacia arriba. La anatomía de los músculos de su cuello y columna vertebral restringe el movimiento de sus cabezas y no les permite mirar hacia arriba completamente.

○ La mayoría de los cortes de electricidad en Estados Unidos se deben a ardillas que roen el aislamiento eléctrico. Si alguna vez se queda sin electricidad en su casa, la culpa podría ser de unos molestos roedores.

○ Nueva Zelanda es el país del mundo con mayor número de mascotas. A nivel mundial, alrededor del 57% de los hogares tienen un animal de compañía; sin embargo, el 64% de los hogares neozelandeses tienen al menos una mascota.

Criaturas de sangre fría

○ Las serpientes no comen plantas. No hay especies de serpientes que se alimenten de plantas; deben comer otros animales para sobrevivir. Su tracto intestinal ni siquiera es capaz de digerir o nutrirse de plantas.

○ El anfibio más grande del mundo es la salamandra gigante china, que puede superar el metro y medio de longitud.

○ El estegosaurio era un dinosaurio que tenía un cerebro del tamaño de una lima, bastante pequeño para una criatura tan grande, ¿no le parece? Un Estegosaurio podía alcanzar los nueve metros de longitud.

○ Hablando de dinosaurios, estamos más cerca en el tiempo del T-Rex que del Estegosaurio. Para mí, ambos pueden quedarse donde están: ¡he visto las películas de Parque Jurásico!

○ Los cocodrilos no pueden sacar la lengua. Esto se debe a que tienen una membrana que mantiene la lengua pegada al paladar en lugar de a la base. Sacarle la lengua a un cocodrilo sería aún más grosero que sacársela a una persona... ¡el pobre podría pensar que te estás burlando de él!

○ El animal más viejo que conocemos es una tortuga llamada Jonathan. Tiene 190 años, es ciega y ha perdido el olfato. A pesar de ello, ¡sigue moviéndose y viviendo a lo grande!

○ Una especie de tortuga gigante que se creía extinguida desde hace 100 años ha reaparecido recientemente en las Galápagos.

○ Los axolotl son animales bastante extraños. Son un tipo de salamandra que puede regenerar miembros y órganos perdidos. Parece una capacidad muy útil.

○ Cuando aún están dentro de sus huevos, las tortugas de río sudamericanas hablan. Se comunican en una frecuencia muy baja, y sólo pueden oírse mediante un hidrófono, un micrófono que se utiliza bajo el agua.

○ Si nace en una época cálida, la tortuga tiene más probabilidades de ser hembra. No ocurre lo mismo con los humanos.

○ Los caracoles pueden dormir durante tres años seguidos. ¡Deben de tener mucho sueño! ¿Podrías dormir tanto tiempo? Quizá los fines de semana.

○ Los caracoles tienen hasta cuatro narices: dos les sirven para respirar y las otras dos para oler.

○ ¿Sabía que los caracoles tienen dientes? Y no pocos: tienen una media de unos 14.000, ¡pero algunas especies pueden llegar a tener hasta 20.000 dientes! ¡Qué exageración!

○ El lagarto cornudo es capaz de disparar sangre por los ojos hasta un metro de distancia. Asqueroso, ¿verdad? Se trata de un mecanismo de defensa porque la sangre es tóxica para la mayoría de los animales.

○ Hay un lagarto que es capaz de caminar sobre el agua manipulando la tensión superficial del agua a través de sus patas. Curiosamente, este lagarto se llama lagarto Jesucristo. ¡Imagínate poder caminar sobre el agua!

○ ¿Sabías que es posible hipnotizar a las ranas? Basta con ponerlas boca abajo y acariciarles suavemente el vientre. Pruébalo tú mismo.

○ En 2014 se descubrieron unas 14 nuevas especies de ranas bailarinas, con lo que la lista asciende a 24. El nombre de rana bailarina hace referencia al comportamiento de los machos durante la época de apareamiento, que ejecutan una especie de baile para atraer la atención de las hembras. Me pregunto si saben bailar el tango o el vals.

Maravillas del mundo acuático

○ El cachalote es el animal más ruidoso de la Tierra: puede producir un sonido de hasta 233 decibelios. Los cachalotes también tienen los dientes más grandes de todas las ballenas y el cerebro más grande de todos los animales. ¡Espero que no se les suba a la cabeza!

○ Las ballenas emiten cantos profundos que cartografían acústicamente el fondo oceánico. Los investigadores han utilizado el canto de las ballenas y sus vibraciones para ver qué hay en el fondo del océano.

○ La medusa caja es una de las criaturas más venenosas del mundo, con tentáculos de hasta 3 metros de largo. A pesar de su letal reputación, las medusas caja son en realidad bastante mansas y pueden morir fácilmente por una manipulación brusca o incluso por las olas del agua.

○ Hay una especie de medusa que es inmortal. Una vez que se convierte en adulta, esta medusa es capaz de volver fácilmente a su estado infantil. Seguro que muchos ancianos desearían poder hacerlo.

○ Los camarones tienen el corazón dentro de la cabeza. Esto se debe a que la cabeza es el lugar más seguro para el corazón y otros órganos. En cambio, para los humanos, el corazón está más seguro en el pecho, protegido por la caja torácica.

○ ¿Sabías que hay una gamba que puede producir un sonido más fuerte que un disparo? Se llama camarón pistola y al abrir y cerrar rápidamente su gran pinza puede producir ondas de choque de una potencia devastadora que puede alcanzar unos 230 decibelios. La burbuja se utiliza para aturdir a las presas y viaja a unos 100 kilómetros por hora.

○ El tiburón ballena pone los huevos más grandes del mundo. El mayor huevo de tiburón ballena jamás registrado medía más de 30 centímetros de largo y contenía un embrión de 35 centímetros.

○ Los tiburones de Groenlandia figuran entre los vertebrados más longevos de la Tierra. Los científicos han descubierto algunos tiburones de más de 400 años.

○ Los tiburones son los únicos peces conocidos capaces de parpadear. Aunque los peces tienen párpados, no necesitan parpadear como los humanos. El agua que los rodea les limpia los ojos.

○ Los casos de ataques de tiburones a seres humanos son bastante raros. De hecho, sólo se registran unos 10 casos al año. De hecho, es mucho más frecuente que sean los humanos quienes ataquen a los tiburones. Son ellos quienes deberían temernos a nosotros.

○ El corazón de una ballena azul mide un metro y medio y pesa 400 kilos: ¡aproximadamente el tamaño de un pequeño carrito de golf!

○ El latido de una ballena azul puede oírse a más de tres kilómetros de distancia. ¡Es tan fuerte! Debe ser imposible para un rorcual aliblanco acercarse sigilosamente a alguien ....

○ La lengua de una ballena azul puede pesar tanto como un coche pequeño, unos 2.500 kilos.

○ Las ballenas azules comen medio millón de calorías de un bocado. Impresionante, ¿no?

○ Los pulpos tienen tres corazones. Dos corazones periféricos bombean la sangre a través de las branquias, donde los pulpos recogen oxígeno. Luego, un corazón central hace circular la sangre oxigenada por el resto del cuerpo.

○ El pulpo gigante del Pacífico pone unos 56.000 huevos a lo largo de un mes. Imagínate intentar transportar tantos huevos sin romperlos.

○ En el caso de los caballitos de mar, son los machos los que dan a luz. Esto se debe a que son los que tienen las partes adecuadas para llevar a las crías, al tener una bolsa en la cola que es el equivalente a un útero.

○ Los ojos del calamar colosal son del tamaño de pelotas de baloncesto y su pupila mide más de diez centímetros de ancho. El calamar colosal puede llegar a medir más de 12 metros. No es de extrañar que quienes los vieron por primera vez pensaran que eran monstruos marinos.

○ Un león marino llamado Ronan ha sido entrenado para seguir el ritmo: esto demuestra que los animales reconocen y recuerdan la música de forma similar a los humanos.

○ Los delfines salvajes se llaman por su nombre. De hecho, los cetáceos utilizan silbidos específicos para identificarse entre sí. Me pregunto cómo se llamarán. Supongo que no serán cosas como Stefano o Elisabetta.

○ Los delfines tienden a dormir con un ojo abierto. Es lo que se conoce como sueño unihemisférico. Estos mamíferos duermen mientras nadan, dejando descansar sólo una mitad de su cerebro mientras la otra permanece despierta.

○ ¿Sabías que existen los delfines rosados? Son una especie extendida principalmente por el sudeste asiático, de la que los estudiosos aún saben muy poco. Por desgracia, se consideran una especie "vulnerable" y pueden extinguirse antes de que se estudien mejor.

¿Insectos o bichos?

- ○ Los insectos son extremadamente resistentes. Pueden vivir en condiciones extremas de frío y calor. Sin embargo, no les gusta el mar.

- ○ Los insectos tienen cerebro, aunque muy pequeño. Así que no pienses que son estúpidos.

- ○ Los insectos también sienten dolor. Piénsatelo dos veces antes de aplastar uno.

- ○ Algunos insectos viven toda su vida sin comer. Como el escarabajo titán macho.

- ○ Los entomólogos, expertos que estudian los insectos, los dividen en "bichos" e "insectos verdaderos". Los verdaderos insectos se clasifican como hemípteros.

- ○ Los insectos pueden parecer delicados y frágiles, ¡pero tienen alas fuertes! La mayoría de los insectos pueden vivir y moverse aunque tengan un ala herida.

- ○ Es raro encontrar un insecto con orejas en la cabeza. Los grillos tienen orejas en las patas, mientras que las moscas parásitas las tienen en el cuello.

○ Los escarabajos se propagan sobre todo en primavera y mayo, de ahí su nombre.

○ El Trachelophorus giraffe es un insecto con un cuello muy largo, lo que explica su nombre. Los machos de esta especie utilizan su largo cuello como una espada para luchar entre sí.

○ El olor de nuestras orejas puede atraer a los insectos. En particular las cucarachas, a las que les gustan los llamados ácidos grasos volátiles, liberados por alimentos fermentados como el pan o el queso… y que se encuentran en la cera de los oídos humanos.

○ Un insecto llamado Notonecta glauca ¡respira por el trasero! Lleva en su trasero una pequeña burbuja de aire necesaria para respirar bajo el agua.

○ Los Armadillidiidae no son insectos, sino crustáceos. Están estrechamente emparentados con los cangrejos, las langostas y los cangrejos de río, y son los únicos crustáceos que viven en tierra.

○ Las garrapatas son extremadamente pequeñas, pero si se agarran a algo pueden crecer hasta alcanzar el tamaño de una canica.

○ Otro tipo interesante de insecto es la langosta arborícola. Se trata de una especie de insecto palo que se creía extinguida en la década de 1920. Aunque está en peligro de extinción, aún quedan algunos ejemplares vivos.

○ Algunos insectos son capaces de camuflarse completamente con las hojas. Como el insecto Phylliidae, por ejemplo.

○ ¿Sabías que los insectos huelen mal? Probablemente sí, ¡habida cuenta de la cantidad que hay! Cuando se sienten amenazados, desprenden un olor nauseabundo.

○ El miedo a los insectos se llama entomofobia. ¿Te suena?

○ Los insectos son más antiguos que el hombre. Se calcula que existen desde hace 350 millones de años, mucho más que los humanos. De hecho, nosotros sólo llevamos 300.000 años en la Tierra.

○ El fósil de insecto más antiguo conocido por el hombre data de hace 400 millones de años. Se llama Rhyniognatha hirsti y se cree que tiene entre 396 y 407 millones de años.

○ Durante el invierno, muchos insectos sobreviven al frío sustituyendo el agua de su cuerpo por otra sustancia química. Esta sustancia se llama glicerol y actúa como una especie de anticongelante contra el frío.

○ Un insecto conocido como "salivazo" puede saltar 100 veces su altura. Debe de estar emparentado con la pulga.

○ Un insecto llamado escorpión acuático tiene una boquilla integrada en el cuerpo. Cuando se sumerge, sujeta esta cola por encima de la cabeza.

○ Los insectos no respiran por la boca, sino por los flancos. Estos pequeños orificios en los flancos y el abdomen se conocen como espiráculos.

○ Las termitas utilizan las vibraciones para sondear el tipo de madera que las rodea. Esto les ayuda a encontrar la mejor fuente de alimento. Además, si escuchan música heavy metal o rock, tienden a masticar la madera más deprisa.

○ La polilla Goliat es la especie de polilla más grande de Norteamérica. En algunas culturas representan la transformación y el poder.

○ El único insecto autóctono de la Antártida es el jején antártico, que se alimenta de bacterias, algas y desechos ricos en nitrógeno producidos por los pingüinos. No se conocen depredadores para este diminuto jején, que parece tenerlo fácil.

○ Las reinas de algunas especies de termitas ponen unos 40.000 huevos al día.

○ Algunas especies de halcones detectan sonidos con la boca. Esta técnica se denomina sonar y es similar a la forma en que los delfines y las ballenas detectan los sonidos.

○ Los insectos son vitales para el ecosistema y ayudan a mantener el equilibrio de la naturaleza gracias a lo que comen, hacen y producen. No siempre tienen buen aspecto, pero muchos de ellos hacen un gran trabajo para los humanos y el planeta. Deberíamos apreciarlas más.

○ En 1999, la NASA llevó cuatro mariquitas al espacio. El objetivo era estudiar cómo los pulgones, de los que se alimentan las mariquitas, consiguen escapar de sus depredadores en la ingravidez. No tengo ni idea de por qué querían saberlo.

○ Las mariquitas son estupendas para tu jardín. Se alimentan de plagas que pueden dañar las plantas. Así que, la próxima vez que veas una mariquita, ¿por qué no la pones en tu huerto familiar?

○ Se han visto mariquitas fingiendo estar muertas para engañar a los depredadores. Levantan las patas y sueltan una pequeña cantidad de sangre con tan mal olor que los depredadores creen que la mariquita está realmente muerta.

○ Las mariquitas tienen la capacidad de rociar un líquido maloliente por las rodillas. Su finalidad es ahuyentar a los depredadores.

○ Históricamente, las mariquitas se consideran un símbolo de buena suerte y positividad. Según la leyenda, cuando una mariquita se posa sobre uno, hay que contar los puntos de su espalda para predecir cuántos años de buena suerte nos esperan. Algunos también creen que el número de puntos representa el número de meses que faltan para que su mayor deseo se haga realidad.

○ Las mantis religiosas se comen unas a otras durante el apareamiento. Adiós a las malas citas.

○ Los mosquitos son capaces de beber tres veces su peso corporal en sangre. ¡Eso es mucha sangre!

○ ¿Sabías que a los mosquitos les atrae el olor de los pies? Especialmente los mosquitos infectados de malaria: el olor de los pies humanos les atrae tres veces más que a sus parientes no infectados. Un buen incentivo para lavarse bien los pies.

○ Dentro de los fósiles se han encontrado mosquitos del periodo Triásico, que datan de hace 400 millones de años. Así que esos molestos insectos existen desde hace mucho tiempo.

○ Los machos no pican, pero las hembras sí. Hay chicas peligrosas en el mundo de los insectos.

○ Los mosquitos bailan durante el apareamiento. Esta danza consiste en batir sus alas al compás de otros mosquitos.

○ Las arañas no pertenecen a los insectos, sino a una especie llamada arácnidos. También se incluyen en esta clase los escorpiones, los ácaros y las garrapatas.

- ¿Sabías que la tela de araña es un líquido que se endurece en contacto con el aire?

- Una sola hebra de seda de tela de araña es más fina y delicada que un cabello humano, ¡pero es cinco veces más resistente que un alambre de acero de la misma anchura!

- Necesitamos arañas para vivir. Si desaparecieran todas las arañas del mundo, habría una hambruna masiva porque otros insectos destruirían todas las cosechas. Las arañas se comen a los insectos dañinos y mantienen a salvo nuestros cultivos. Pueden dar miedo, pero las arañas son buenas amigas del hombre.

- Antiguamente, las telas de araña se utilizaban como vendas. Las telas de araña parecen tener propiedades antisépticas y antifúngicas naturales que ayudan a mantener limpias las heridas y a prevenir infecciones. También son ricas en vitamina K, que favorece la coagulación de la sangre.

- Se sabe que algunas especies de avispas convierten a las orugas en auténticos zombis. ¿Te imaginas una oruga zombi? Pues existen. Una avispa vudú puede poner hasta 80 huevos dentro de la desafortunada oruga; cuando los huevos eclosionan, las larvas se alimentan de los fluidos corporales de la oruga, transformándola lentamente en algo parecido a un zombi que hace todo lo posible por proteger a la larva que lleva dentro y se agita para ahuyentar a los depredadores.

- Se necesitan unos 2.000 gusanos de seda para producir un solo kilo de seda. No es de extrañar que la seda sea tan cara.

De arrastrarse a volar

○ Las hormigas levantan y transportan más de 50 veces su peso. Como son tan pequeñas, sus músculos son más gruesos en relación con su tamaño corporal que los de animales más grandes. En otras palabras, tienen músculos muy gruesos y fuertes.

○ Hay cientos de especies de hormigas en Estados Unidos y Canadá, pero sólo unas 25 viven cerca de los humanos.

○ Se sabe que algunas especies de hormigas utilizan herramientas para recolectar alimentos. Por ejemplo, la especie de hormiga Camponotus cylindricus utiliza sus larvas como herramientas vivientes para extraer la melaza de las cochinillas harinosas. Las hormigas transportan las larvas hasta las cochinillas y éstas producen una secreción que las hormigas consumen. Una vez que han terminado, las hormigas devuelven las larvas ilesas a su nido.

○ Algunas hormigas pueden explotar a voluntad. Es el caso de las hormigas de la especie colobopsis saundersi, presentes en Malasia y Brunei, que pueden explotar como mecanismo de defensa contra depredadores como arañas u hormigas de otros nidos. Las sustancias químicas tóxicas que contiene la colobopsis saundersi salpican a los depredadores y los inmovilizan. Estas hormigas se sacrifican para proteger al resto de su colonia: ¡son auténticas heroínas!

○ Un hongo tropical llamado Ophiocordyceps afecta al sistema nervioso de las hormigas y controla sus cuerpos, creando así hormigas zombis. Las pobres hormigas son manipuladas para que mueran en un lugar específico cerca del hongo, de modo que sus pequeños cuerpos les proporcionen una alimentación óptima.

○ En el pasado, las hormigas mordedoras se utilizaban para ayudar a curar cortes y arañazos. Los médicos trataban la herida colocando una hormiga con grandes mandíbulas cerca de la herida y esperando a que picara. La hormiga mantenía la piel unida para el médico, ¡sin necesidad de puntos!

○ Si se juntaran, todas las hormigas de la Tierra pesarían tanto como todos los seres humanos. Una sola hormiga pesa entre 1 y 5 mg, aproximadamente un millón de veces menos que un ser humano. Pero como hay tantas hormigas, su peso total sería similar.

O Hay un millón de hormigas por cada ser humano en el mundo. A mí me parece demasiado: esperemos que nunca intenten conquistar el mundo.

O Las hormigas no pueden masticar los alimentos. Para alimentarse, tragan el jugo exprimido de los trozos de comida y tiran lo que queda.

O ¿Sabías que algunas especies de hormigas crían pulgones como "ganado"? Las hormigas protegen y cuidan a los pulgones, que a su vez producen una sustancia azucarada llamada melaza de la que se alimentan las hormigas. Es un ejemplo fascinante de simbiosis en el mundo de los insectos.

O Las abejas carpinteras macho no pican. Sólo las hembras pican.

O ¿Sabes lo duro que trabajan las abejas melíferas? Tienen que hacer unos diez millones de viajes para recolectar el néctar necesario para producir un solo kilo de miel. Así que acuérdate de dar las gracias a las abejas la próxima vez que pruebes una buena miel.

O Hablando de abejas, ¿sabías que pueden producir miel de colores? Los apicultores que vivían cerca de una fábrica de caramelos M&M's se dieron cuenta de que sus abejas producían miel con tonos verdes y azules. Al parecer, las abejas se estaban comiendo los residuos de caramelo producidos por la fábrica.

O Las abejas pueden volar hasta 100 kilómetros al día, a una velocidad de 24 kilómetros por hora. No está nada mal.

O Las abejas baten sus alas unas 190 veces por segundo, por lo que en un minuto, una abeja bate sus alas hasta 11.400 veces.

O Las abejas no producen su típico zumbido con la boca, sino mediante el rápido batir de sus alas.

○ Las abejas pueden volar más alto que el Everest. Pueden volar a casi 9.000 metros sobre el nivel del mar, mucho más alto que la montaña más alta del mundo.

○ El veneno de abeja se ha utilizado para ayudar a tratar enfermedades como la esclerosis, la tendinitis y la artritis. Esto se debe a que su veneno es antiinflamatorio. Así que, si te pica una abeja, ¡quizá te haga más bien que mal!

○ Se calcula que hay al menos 350.000 especies de escarabajos en el mundo, ¡y aún no las hemos descubierto todas!

○ Algunas personas tienen escarabajos como mascotas. Esto ocurre especialmente en Japón, donde los científicos calculan que alrededor del 99% de los niños del país tendrán en algún momento una cucaracha como mascota.

○ Las bombillas atraen a las cucarachas. Seguramente las habrás visto volando por la noche alrededor de una luz exterior.

○ El escarabajo arlequín es como un taxi para los arácnidos, que se deslizan bajo las alas de los escarabajos y los utilizan como medio de transporte de un lugar a otro.

○ El escarabajo pelotero es uno de los insectos más fuertes del planeta. Puede arrastrar unas 1.141 veces su propio peso corporal. Eso equivale a un hombre medio remolcando dos camiones de 18 ruedas completamente cargados.

○ Las mariposas no pesan prácticamente nada. De hecho, harían falta unas 100 mariposas monarca para fabricar un solo gramo.

○ Las mariposas utilizan sus patas para probar la comida. La mayoría de sus papilas gustativas se encuentran en las patas, aunque algunas están en la probóscide, que es el largo tubo que utilizan las mariposas para alimentarse, una especie de nariz larga.

○ Las mariposas emiten sonidos frotando o chasqueando partes de su cuerpo, como las alas o las patas.

○ Las mariposas se detienen en los mismos lugares cada vez que migran. Los grupos de mariposas viajeras se detienen en los mismos lugares donde lo hicieron sus predecesoras.

○ Las orugas tienen más músculos que los humanos. Estos insectos tienen unos 4.000 músculos, 248 de ellos sólo en la cabeza. Los humanos sólo tenemos 700 en todo el cuerpo.

○ ¿Sabías que las orugas tienen 12 ojos? Podrías pensar que tienen una vista excelente, pero en realidad son casi ciegas.

○ ¿Sabías que las orugas pueden consumir 25.000 veces su peso en comida? Lo hacen durante la muda, varias veces, hasta que se transforman. Las orugas son insectos hambrientos.

○ Los ciempiés son capaces de regenerar sus patas. Cuando los depredadores les atacan, abandonan las patas y huyen.

○ Se podría pensar que los ciempiés tienen cien patas, pero no es así. Pueden tener entre treinta y trescientas. Es impresionante que no tropiecen unos con otros con tantas patas. A mí me pasa a menudo, ¡y sólo tengo dos!

○ La fobia a las cucarachas tiene un nombre largo y complicado: katsaridafobia. Estoy segura de que hay mucha gente con esta fobia.

○ Las cucarachas pueden vivir hasta una semana sin cabeza. A diferencia de los humanos, las cucarachas respiran a través de pequeños agujeros en su cuerpo, por lo que no necesitan boca ni cabeza para respirar. Pero, por desgracia, sí necesitan la boca para comer y beber, por lo que mueren al cabo de una semana por inanición o deshidratación.

○ El escarabajo de alas más largas del mundo es el Megaloblatta Longipennis, que tiene el tamaño de un aguacate.

○ Los grillos tienen orejas en las patas. Las orejas no son más que aberturas en el exoesqueleto que conducen a cámaras dentro de la pata. Al orientarlas de una determinada manera, los grillos pueden saber de qué dirección procede un ruido.

○ El chirrido es el acto que realizan los grillos de frotarse las patas para atraer a posibles parejas.

○ Se cree que a partir del chirrido de los grillos se puede deducir la temperatura exterior. Algunos creen que contando el número de veces que pitan los grillos, dividiéndolo por cuatro y sumando el número obtenido a 40 se obtiene la temperatura exterior. ¡Pruébalo tú mismo!

○ En el Reino Unido hay 36 especies de libélulas.

○ El calor del sol proporciona a las libélulas la energía necesaria para volar. Sus alas tienen que estar calientes para funcionar. Si una libélula se enfría, tiene que buscar un lugar cálido para generar calor antes de poder empezar a volar de nuevo.

○ A veces, las luciérnagas se encienden a la vez en oleadas rápidas. Esto sugiere que las luciérnagas se siguen unas a otras para generar lo que puede parecer un parpadeo sincronizado.

○ Otro dato interesante sobre las luciérnagas es que algunas hembras no vuelan. No tienen alas.

○ Algunas luciérnagas adultas no comen. Aunque algunas se alimentan del néctar de las flores o de otras luciérnagas más pequeñas, otras tienen una vida tan corta que simplemente no tienen tiempo de comer.

○ Las pulgas pueden saltar 130 veces más alto que su propia altura. En términos humanos, esto sería como si una persona de 2 metros de altura diera un salto de 260 metros.

○ Parece que los machos de la mosca de Guinea hacen flexiones para atraer a sus parejas. A veces incluso los humanos siguen esta estrategia.

○ El buitre leonado era una especie de libélula antigua con una envergadura de hasta 76 centímetros. Era tan grande que debía de parecer un pájaro volando por los cielos, ¡no un insecto!

○ Los saltamontes tienen órganos en las patas traseras que almacenan toda la energía que necesitan para saltar.

○ ¿Sabías que los saltamontes son una especie muy antigua? Existían incluso antes que los dinosaurios.

○ ¿Cuál es el alimento favorito de los abejorros? Las abejas, por supuesto. También comen otras avispas, saltamontes y grillos. No son muy exigentes con la comida, ¿verdad?

○ A nadie le gustan las moscas, pero después de oír este dato apuesto a que te gustarán aún menos: ¡las moscas se comen su propio vómito!

○ Las moscas zumban en clave de Fa. ¡Qué musical! Lástima que sean tan molestas.

○ Las moscas sólo viven unas dos semanas, una media de 15 a 30 días. Las moscas que viven en casas con calefacción o en laboratorios tienen más probabilidades de vivir más tiempo que sus parientes en libertad.

○ Una mosca hembra puede poner más de 500 huevos a lo largo de su vida. Y, como hemos aprendido antes, la vida de una mosca doméstica es bastante corta, ¡sólo de dos semanas a un mes! Se trata, por tanto, de un gran número de huevos teniendo en cuenta su corta existencia.

○ Las patas de una mosca son 10 veces más sensibles que la lengua humana porque las utilizan para encontrar comida.

○ Alrededor de mil millones de personas en el mundo comen insectos. Los insectos pueden tener hasta un 70% de proteínas, poca grasa y son muy digeribles.

○ Las alas de ciertas polillas actúan como herramienta defensiva contra los murciélagos: su estructura perturba la ecolocalización de los murciélagos y los confunde a la hora de cazar.

Deportes apasionantes

Golf

- Un dato interesante sobre el golf es que la primera partida de golf de la que se tiene constancia se jugó en Escocia en 1457. Se jugó entre Jaime II de Escocia y Douglas, conde de Angus, de quienes se dice que apostaron una cabeza de ciervo por la partida.

- El término "birdie" se originó en Estados Unidos a finales del siglo XIX y se refiere a la puntuación de un golpe bajo par en un hoyo. Se cree que el término fue acuñado en 1899 por el golfista estadounidense Ab Smith, quien supuestamente lo utilizó para describir un birdie que había embocado, llamándolo "birdie". El término caló entre los golfistas y desde entonces forma parte del léxico de este deporte.

- Tiger Woods hizo su primer hoyo en uno en una partida de golf a los ocho años. Evidentemente, ¡tenía un talento innato!

- Las primeras pelotas de golf estaban hechas de plumas y cuero y eran difíciles de usar porque no tenían hoyuelos y, por tanto, volaban por el aire a velocidad reducida.

- Las probabilidades de hacer un hoyo en uno jugando al golf son escasas. Para ser exactos, es una probabilidad de 12.500 a 1 y de 2.500 a 1 para los profesionales. Si lo consigues, quizá seas el próximo Tiger Woods.

- El putt más largo jamás registrado fue de 33 metros. Lo hizo Jack Nicklaus en 1964; ¡era un putt más largo que varios greens!

○ Las pelotas de golf pueden alcanzar una velocidad de 270 km/h. ¿Sabías que la velocidad a la que se desplaza una pelota de golf es 1,5 veces la velocidad a la que golpeas el palo? Por lo tanto, si golpeas el palo a 100 km/h, la bola se desplazará a unos 150 km/h.

Fútbol

○ El fútbol es, con diferencia, el deporte más popular del mundo: hay al menos 265 millones de aficionados. Y todo lo que necesitas para jugarlo es un balón y un patio o campo.

○ La Copa Mundial de la FIFA 2018 fue vista por medio mundo. Hubo 3.570 millones de espectadores, más de la mitad de la población mundial.

○ La tarjeta roja más rápida de cualquier Copa Mundial se produjo en 1986, cuando el árbitro expulsó al jugador uruguayo José Batista a los 56 segundos. José golpeó y placó por detrás al escocés Gordon Strachan. Sin embargo, el partido terminó en empate y Uruguay consiguió pasar a la siguiente fase, por lo que probablemente los compañeros de José no estaban demasiado disgustados con él.

○ Los futbolistas corren una media de siete kilómetros durante un partido. A veces pueden llegar a nueve o diez. No es de extrañar que los futbolistas profesionales estén tan en forma.

○ En 1930 se celebró la primera Copa del Mundo de fútbol y un jugador manco marcó el gol de la victoria. Se llamaba Héctor Castro y marcó en el último minuto del partido, convirtiendo a Uruguay en el primer país en ganar el título.

○ El récord de goles marcados en propia puerta por un jugador en la Premier League pertenece a Richard Dunne. Fue un buen jugador e incluso ganó cuatro veces el premio al mejor jugador del año del Manchester City, pero también marcó diez goles en propia meta durante su carrera. Si alguna vez se encuentra con él, ¡quizá no quiera mencionarlo!

○ Algunos países más bien pequeños llegaron a las últimas fases de la Copa del Mundo. La selección islandesa logró una histórica clasificación para el Mundial de Rusia 2018 después de haber fracasado doce veces anteriormente. En ese momento, la población de Islandia era de solo 370.000 habitantes, ¡lo cual no es mucho si tenemos en cuenta que en una ciudad como París viven más de 2 millones de personas! Por desgracia, la selección islandesa no ganó ningún partido en Rusia, pero llegar hasta allí ya fue un gran logro.

O Los árbitros no se introdujeron hasta las décadas de 1980 y 1990, cuando el fútbol ya llevaba jugándose casi un siglo. Hasta entonces, los problemas o las discusiones en el campo se resolvían mediante discusiones entre jugadores o, a veces, árbitros. Imagínese hoy en día.

O En el sector se debate cuál es el club de fútbol más antiguo del mundo. Algunos de los clubes más antiguos datan del siglo XIX. Pero parece que el Sheffield Football Club podría ser uno de los favoritos: el equipo lleva ciento cincuenta años en activo. Mucho tiempo para jugar al fútbol.

Béisbol

O El lanzamiento más rápido jamás registrado en un partido de las Grandes Ligas de Béisbol fue realizado por Aroldis Chapman, de los Cincinnati Reds, el 24 de septiembre de 2010. El lanzamiento alcanzó la increíble velocidad de 105,1 mph, convirtiéndose en el primer lanzamiento a más de 105 mph en un partido de la MLB.

O Las pelotas de béisbol deben ser inspeccionadas por el árbitro dos horas antes de cada partido. Hay muchas otras reglas similares para el béisbol, como las inspecciones del equipo y los uniformes.

O Todos los jugadores de las Grandes Ligas deben llevar ropa interior negra en cada partido. ¿Por qué? Por si se rajan los pantalones.

O La tradición estadounidense dicta que es el Presidente de los Estados Unidos quien realiza el primer lanzamiento durante un partido de las Grandes Ligas de Béisbol. Esta tradición la han mantenido todos los presidentes menos tres: Jimmy Carter, Donald Trump y Joe Biden.

O Originalmente, los árbitros de béisbol se sentaban en mecedoras. Se situaban a seis metros detrás del home plate, cómodamente sentados en

sus sillas, mientras todos los demás jugaban. ¡Ese podría ser el tipo de deporte que me gusta!

○ En un partido de béisbol de las Grandes Ligas, una bola dura entre cinco y ocho lanzamientos. Después suele considerarse gastada y sólo se utiliza para practicar o se entrega a equipos de ligas menores.

○ El jugador de béisbol Wade Boggs era conocido por comer sólo pollo los días de partido. También se despertaba siempre a la misma hora y corría sprints exactamente a las 7:17 a.m. Jim Rice le llamaba "el hombre pollo". Wade Boggs también dibujaba un símbolo "Chai" en el campo de juego cada vez que bateaba. "Chai" es el símbolo judío de la vida. ¡Bastante supersticioso!

○ Los equipos de la MLB utilizan unas 850.000 pelotas por temporada. Deben de ser muy exigentes en cuanto a pelotas, teniendo en cuenta que esa cifra corresponde aproximadamente a la población de Tegucigalpa, Honduras.

○ En un partido de béisbol, los minutos de acción. Apenas hay 18. El resto es gente caminando o colocándose en posición.

○ Los jugadores de ojos marrones batean más pelotas que los de ojos azules. Esto se debe a que los jugadores de ojos azules son más sensibles al resplandor del sol y a los objetos que les rodean.

○ El récord de entradas en las Grandes Ligas lo tiene Cy Young, con 7.356.

○ Un aficionado de 17 años se llevó la pelota de béisbol del home run número 700 de Babe Ruth y le cobró 20 dólares por devolvérsela. Al parecer, Babe Ruth y este aficionado siguieron siendo amigos después del incidente.

○ El jugador Ken Griffey Jr., que bateó 630 jonrones durante su carrera, tenía una chocolatina con su nombre. Irónicamente, Ken era alérgico al chocolate. La barra se llamaba Ken Griffey, Jr. Milk Chocolate Bar.... no muy original, diría yo.

○ Babe llevaba hojas de col bajo el sombrero para soportar mejor las altas temperaturas durante los partidos. Esto se debía a que en aquella época los uniformes de béisbol eran de lana, y en primavera y verano podían dar mucho calor.

○ Durante la Ofensiva de las Ardenas de la Segunda Guerra Mundial, los alemanes tuvieron una idea brillante: enviaron a algunos de sus hombres vestidos con uniformes estadounidenses a territorio controlado por Estados Unidos. Estos infiltrados hablaban bien inglés y podían pasar desapercibidos, por lo que causaron muchos estragos. Sin embargo, los soldados estadounidenses idearon rápidamente un contraplano: cuando se encontraban con un soldado estadounidense que no conocían, le hacían preguntas sobre béisbol. Si no sabía las respuestas, era casi seguro que se trataba de un impostor. Esto demuestra lo popular que era este deporte en Estados Unidos en aquella época.

Tenis

○ El partido de tenis más largo de la historia duró 11 horas y cinco minutos. ¡Se tardaron tres días en terminarlo! ¡Seguro que los jugadores estaban cansados!

○ En el campeonato de Wimbledon se utilizan unas 42.000 pelotas de tenis. ¡Y cada una de esas pelotas de tenis es crucial para el juego!

○ Antiguamente, la hierba de Wimbledon tenía 5 cm de altura, pero un jugador inglés fue mordido por una serpiente que se escondía en la hierba, por lo que se redujo a 8 mm.

○ Antes de la invención de las raquetas de tenis, los jugadores utilizaban las palmas de las manos para enviar las pelotas por encima de la red. Suena bastante doloroso.

○ El tenis es un deporte muy antiguo que, al parecer, se remonta al siglo XII. El rey Enrique VIII era un gran aficionado a este deporte, hasta el punto de que se dice que estaba jugando al tenis mientras ejecutaban a su segunda esposa, Ana Bolena.

○ La jugadora más joven en competir en Wimbledon sólo tenía 13 años. Mita Klima participó en 1907, pero por desgracia no pasó de la primera ronda.

Carreras

○ El piloto de Fórmula Uno Sebastian Vettel lleva monedas de la suerte metidas en los cordones de sus botas. Si le ayudan a ganar o no, no lo sé.

○ En lugar de aire, la mayoría de los equipos de NASCAR utilizan nitrógeno en sus neumáticos. Esto se debe a que el nitrógeno tiene una tasa de expansión y contracción mucho más constante que el aire. Incluso sólo una libra de presión afecta a la tracción y el manejo de un coche.

○ Las carreras de caballos son un deporte peligroso; unos dos o tres jinetes resultan heridos cada año durante sus carreras.

○ En 1937 se organizó una carrera de guepardos en el Romford Greyhound Stadium para aumentar el número de visitantes. Una guepardo hembra llamada Helen era conocida como la "Reina de la Pista".

○ El jockey mejor pagado del mundo se llama Irad Ortiz, Jr. y gana unos 35.126.124 dólares al año. ¡Eso es mucho dinero!

○ ¿Has oído alguna vez la expresión: "Ganó con las manos en la masa"? Al parecer proviene de un jockey que ganaba carreras sin tirar nunca de las riendas de su caballo.

○ Valentino Rossi logró su primera victoria en la categoría reina del Campeonato del Mundo en 2000, en Donington Park, cuando aún corría en 500cc. Su última victoria en MotoGP fue en 2017, en el TT de Assen. Un total de 16 años y 351 días en los que Rossi ha ganado todas las temporadas en la categoría reina, la racha de victorias más larga de la historia.

○ En los Juegos Olímpicos de 1928, un remero llamado Bobby Pearce se detuvo a mitad de carrera para dejar pasar a una familia de patos. ¡Qué mono!

○ Conducir un monoplaza durante toda una carrera de Fórmula 1 requiere un gran esfuerzo físico y puede provocar una gran pérdida de líquidos. Por eso, vuelta tras vuelta, los pilotos pueden perder hasta 2 kg de peso.

○ Cuando un Fórmula 1 alcanza los 190 km/h, tendría la capacidad de atravesar de cabeza el techo de un túnel. Esto es gracias a un fenómeno llamado carga aerodinámica.

○ Un hombre llamado Grete Waltz ha ganado más maratones de Nueva York que nadie en el mundo. Tiene nueve victorias en su haber.

○ Durante una carrera, un coche de Fórmula 1 consume unos 3 litros de agua por piloto y hora de carrera. Para evitar la deshidratación, los pilotos deben hidratarse adecuadamente antes y durante la carrera. ¡Beber es importante!

Baloncesto

○ ¿Te has preguntado alguna vez de quién es la silueta del logotipo de la NBA? Es la de Jerry West, de los Lakers, y lleva en el logotipo más de 50 años. En 2020 se habló de cambiarla por la de Kobe Bryant. Pero al final se decidió no hacerlo.

○ El jugador de baloncesto más alto de la historia medía ¡2,4 metros! Suleiman Ali Nashnush jugaba en un equipo libio en 1962. El jugador de la NBA más alto de la historia fue Manute Bol, con 2,3 metros. Pero no te preocupes, no hace falta ser un gigante para ser profesional: ¡el jugador de la NBA Tyrone Curtis 'Muggsy' Bogues sólo medía 1,70 metros!

○ El nombre completo del más famoso de los deportes de interior es baloncesto. Al principio, se jugaba con una canasta de mimbre sujeta a un poste a modo de diana: cuando un equipo marcaba, el árbitro tenía que subir una escalera para recuperar el balón.

○ ¡Las canastas son lo bastante grandes para que quepan dos balones a la vez! Sin embargo, las posibilidades de que esto ocurra son bastante improbables, sobre todo porque sólo se utiliza un balón por partido.

○ Yao Ming, jugador de baloncesto chino conocido por su increíble altura de 229 cm, fue una de las estrellas de la NBA entre 2002 y 2011. Según un periodista estadounidense, su nacimiento fue planeado en la mesa y "encargado" por el Gobierno chino a dos jugadores de baloncesto.

○ Cuando Kareem Abdul-Jabbar se retiró en 1989, había anotado más puntos en toda su carrera que ningún otro jugador: 38.387.

○ Michael Jordan gana más dinero con Nike que todos los trabajadores de Nike en Malasia juntos. Ellos fabrican las zapatillas y la ropa; ¡deberían cobrar mucho más!

○ Hasta 1937, en el baloncesto el árbitro solía lanzar un entretiempo después de cada canasta. Esta práctica se eliminó porque hacía que los partidos durasen más de lo debido.

○ El máximo anotador de la NBA de todos los tiempos, Kareem Abdul-Jabbar, colecciona colchonetas. Esto demuestra que los deportistas tienen intereses muy variados, y Kareem no es diferente.

○ A Michael Jordan le robaron una vez sus camisetas y tuvo que llevar un número diferente. Tuvo que llevar el dorsal 12, mientras que normalmente llevaba el 23, que probablemente se ha convertido en uno de los números más emblemáticos de la historia del deporte.

Olimpiadas

○ Los colores de los anillos olímpicos son importantes y tienen un significado real. Cada color representa uno de los cinco continentes participantes. Quizá te preguntes por qué sólo hay cinco colores cuando hay siete continentes. Esto se debe a que la Antártida no participa en los Juegos Olímpicos y América del Norte y del Sur se consideran un solo continente.

○ Liechtenstein nunca ha ganado una medalla olímpica. Bueno, siempre hay una primera vez, ¡y el que la gane será un héroe nacional!

○ En realidad, las medallas olímpicas de oro están hechas en su mayor parte de plata y no son de oro puro desde 1912. Sin embargo, contienen unos seis gramos de oro por medalla. Las medallas de plata son de plata pura y las de bronce, de latón.

○ En los Juegos Olímpicos de París de 1900 se utilizaron palomas vivas para la competición de tiro. Se mataron más de 300 aves, lo que provocó las protestas de los defensores de los derechos de los animales y la prohibición de la prueba en los futuros Juegos Olímpicos. Las palomas vivas fueron sustituidas por palomas de arcilla hasta 2008.

- ¿Sabías que el monopatín es un deporte olímpico? Se ha añadido a los Juegos Olímpicos de Verano de 2020.

- Londres es la única ciudad que ha albergado los Juegos Olímpicos tres veces: en 1908, 1948 y 2012. París y Tokio, por su parte, han acogido los Juegos Olímpicos en dos ocasiones.

- Los primeros Juegos Olímpicos en los que participaron mujeres se celebraron en París en 1900. De los 997 atletas, 22 mujeres compitieron en cinco deportes diferentes: tenis, vela, croquet, golf y equitación.

- Antes de que se concedieran medallas a los ganadores, el premio de las Olimpiadas era una rama de olivo retorcida y decorada para que pareciera una corona. Para los antiguos griegos tenía un profundo significado, ya que representaba el éxito y la vitalidad.

- Los primeros Juegos Olímpicos de Verano totalmente televisados se celebraron en Tokio (Japón) en 1964. Esto ayudó a consolidar la popularidad de los Juegos Olímpicos como gran acontecimiento deportivo internacional. Antes de 1964, se habían televisado algunos eventos, pero no todos, y a menudo se producían retrasos en las retransmisiones. Los Juegos Olímpicos de Tokio fueron también los primeros que se retransmitieron en color, lo que aumentó el espectáculo y la emoción de los juegos.

- Los primeros Juegos Olímpicos modernos se celebraron en Atenas (Grecia) en 1896. Se celebraron del 6 al 15 de abril y asistieron unos 280 atletas, todos varones, de 12 países.

- El arte fue considerado en su día un deporte olímpico. Durante las primeras Olimpiadas, la pintura, la escultura, la arquitectura, la literatura y la música se celebraron junto a las demás competiciones deportivas. De 1912 a 1952 se concedieron medallas a artistas de talento.

O El récord de mayor número de países participantes en las Olimpiadas fue de 92 para los Juegos Olímpicos de Invierno de 2018. Se trata de una cifra elevada si se tiene en cuenta que en los primeros Juegos Olímpicos modernos, en 1896, solo participaron 14 países. ¡Hemos avanzado mucho desde entonces! En 2018 participaron unos 2.952 atletas, representando a 92 países en total.

O Los humanos son capaces de saltar distancias mayores que los caballos. Durante los Juegos Olímpicos, Mike Powell estableció el récord con un salto de longitud de 8,95 metros, unos 2 metros más que el récord establecido por un caballo.

Esto es un deporte

O Se cree que la lucha libre y el boxeo fueron los primeros deportes creados. Es imposible saberlo con certeza, pero algunos piensan que la lucha libre es el deporte más antiguo: en Lascaux (Francia) se han encontrado famosas pinturas rupestres de hace más de 15.000 años que representan a luchadores.

O Henry Lewis, jugador profesional de billar, metió una vez 46 bolas seguidas. Los rivales sólo podían jugar al final del turno de Lewis, ¡así que tuvieron que esperar mucho tiempo!

O El vuelo de cometas se considera un deporte profesional en Tailandia. Cada primavera se celebran en Bangkok campeonatos de cometas.

O Se podría pensar que cuanto más pequeño es el bañador, más rápido se nada, pero algunos nadadores profesionales no están de acuerdo y están convencidos de que cuanto más cubre el bañador el cuerpo, más rápido

pueden ir. Por lo tanto, un bañador que cubra incluso los brazos les ayuda a nadar más rápido.

○ El slap shot es el tiro más rápido y difícil del hockey. Algunos creen que el más rápido lo hizo el canadiense Bobby Hull en febrero de 1968: la friolera de 190 km/h.

○ En 1968, es decir, no hace mucho tiempo, el New York Times, publicó un artículo sobre unos individuos estrafalarios que en su tiempo libre... corrían. El periodista entrevistó a varias personas que tenían ese "extraño" hábito. En el artículo, los pioneros del footing afirmaban que corrían por la mañana temprano porque hacerlo por la noche sería visto como sospechoso.

○ ¿Crees que el yoga es relajación y paz interior? Se equivoca. Un joven canadiense inventó el "yoga de la rabia" o "yoga de la ira", que consiste en practicar posturas de yoga descargando la ira insultando, bebiendo alcohol y escuchando música a todo volumen.

○ Las investigaciones científicas han demostrado que la carrera de resistencia agudiza el sistema nervioso, mejorando la memoria y la capacidad de aprendizaje.

○ En Finlandia hay una competición anual en la que los competidores tienen que correr una carrera de obstáculos... ¡con sus esposas a cuestas! Es la Sonkjärvi, o "carrera con la mujer". El ganador gana una cantidad de cerveza igual al peso de su esposa.

○ El deporte nacional de Afganistán y Kazajstán es el Buzkashi, que literalmente significa "atrapar la cabra". Los jugadores a caballo tienen que agarrar el cadáver de una cabra y lanzarlo por encima de una marca de demarcación.

○ En todo el mundo se practican unos 8.000 deportes, pero sólo 200 de ellos están reconocidos como oficiales.

○ La marcha se originó en los siglos XVII y XVIII, cuando los lacayos caminaban junto a los coches de caballos de sus amos. Al cabo de un tiempo, los amos empezaron a apostar contra los lacayos para ver quién caminaba más rápido. La marcha apareció por primera vez en los Juegos Olímpicos en 1904, pero ya no forma parte de ellos.

○ En 1971 Edgar Mitchell lanzó una jabalina a la Luna que aterrizó en el mismo cráter donde cayó la primera pelota de golf que se golpeó en la Luna. Me pregunto qué más habrá allí.

○ En 1962, un aficionado canadiense al hockey intentó robar la famosa Copa Stanley. El partido se jugaba en Chicago y el equipo de Chicago parecía destinado a vencer a los canadienses. Ken Kilander abrió la vitrina, cogió el trofeo e intentó huir de la habitación. Ken fue atrapado inmediatamente y dijo que sólo lo había hecho como una apuesta y que no se quedaría con el trofeo. Al día siguiente, el juez debió de creerle, porque Ken sólo recibió una advertencia: fue multado con 10 dólares.

○ Los zurdos son mejores en los deportes que requieren reacciones rápidas y juicio espacial. Los diestros son mejores en los deportes que requieren tiempo. Esto se debe a que el cerebro de un zurdo es más simétrico y tiene más conexiones entre los dos hemisferios cerebrales. Esto no les hace necesariamente más inteligentes, pero les da ventaja en algunos deportes.

○ El deporte más popular del mundo, en términos de aficionados, es probablemente el fútbol. Por ejemplo, más de 30.000 millones de personas vieron el Mundial de 2006. Esta cifra puede estar algo inflada: si uno veía un partido, se contaba una vez; si veía otro, se volvía a contar. Es un juego tan fácil de practicar -apenas se necesita un balón- que no sería de extrañar que fuera también el deporte más popular en términos de participación.

○ El boxeo no se legalizó hasta 1901. Antes de eso, el boxeo se celebraba en lugares secretos y sólo unas pocas personas podían presenciar los combates; de lo contrario, eran delatadas a la policía y detenidas.

○ La primera mujer que saltó en paracaídas fue Jeanne-Genevieve Garnerin, que lo hizo desde un globo aerostático en 1799.

○ El deporte oficial del estado de Maryland son los duelos a caballo. Se convirtió en tal en 1962 y Maryland fue el primer estado en adoptar un deporte oficial. El duelo a caballo es en realidad el deporte ecuestre más antiguo del mundo.

○ Los bolos tienen una larga historia y una jerga divertida y un tanto curiosa. De hecho, tres strikes seguidos en los bolos se llaman "turkey" en inglés. Esto se debe a que, a finales del siglo XVIII, los jugadores de bolos que conseguían hacer tres strikes seguidos recibían pavos como premio.

○ El voleibol se inventó en 1895 en Massachusetts, Estados Unidos, con el nombre de "mintonette". Su creador desarrolló el juego como un programa de ejercicios para los ancianos de la YMCA local, porque pensaba que el baloncesto era demasiado agotador para ellos.

○ Los bolos son un deporte muy antiguo. Se inventó alrededor del año 5.200 a.C. en Egipto. Creo que a los humanos les gusta lanzar pelotas a los objetos y verlos caer. Se han encontrado dibujos murales que representan bolas y bolos en miniatura.

○ El hockey también es un deporte antiguo. Se remonta a la antigua Grecia, donde se han encontrado dibujos de personas jugando con palos curvos y pelotas, que datan del año 600 a.C.. Este deporte se llamaba originalmente "shinty"; la primera vez que se utilizó la palabra "hockey" fue en 1363 por Eduardo III de Inglaterra.

○ ¿Cuáles son los deportes más peligrosos del mundo? La respuesta podría sorprenderle. Esta es la clasificación: carrera, submarinismo, piragüismo, alpinismo extremo y atletismo.

○ El récord mundial de flexiones fue establecido en 1980 por Minoru Yoshida. Hizo 10.507 flexiones seguidas. Debía de estar muy cansado.

○ La mayor distancia alcanzada por una flecha disparada con un arco es de 1.083 metros. La disparó el estadounidense Tyler Toney.

○ Javier Sotomayor es un atleta cubano de salto de altura que, en 1993, batió el récord mundial al saltar 2,45 metros, ¡la altura de un elefante pequeño! El récord sigue imbatido hoy en día.

○ Un deporte extraño que quizá no conozca es el planchado extremo. Se practica planchando la ropa con ajustes extremos de la plancha y en lugares peligrosos, como en la cima de una montaña. Suena arriesgado y poco práctico.

○ Otro deporte extraño es el "cycle ball". Los jugadores recorren un campo intentando golpear una pelota utilizando sólo las ruedas de sus bicicletas. Los pies no pueden tocar el suelo y sólo hay dos jugadores por equipo.

○ El combate de boxeo más largo de la historia fue el que enfrentó a Andy Bowen y Jack Burke. El combate duró 111 asaltos y 7 horas y 19 minutos, hasta que el árbitro declaró tablas porque ambos hombres ya no podían seguir luchando.

○ El nocaut más rápido de las MMA tuvo lugar tras ¡sólo dos segundos! Fue el que enfrentó a Jorge Masvidal y Ben Askren: Masvidal noqueó a Askren con un rodillazo volador.

○ Los deportistas mejor pagados del mundo son Roger Federer, Cristiano Ronaldo, Lionel Messi, Neymar y LeBron James.

○ Un deporte llamado "marn grook" es un tipo de fútbol practicado por los aborígenes australianos en el que pueden jugar ¡hasta 100 jugadores a la vez! Marn grook" significa "juego de pelota" en woiwurung.

Gemas de la geografía

Asia

- El hotel más antiguo del mundo se fundó en Japón en el año 705 de nuestra era. Se llama Nishiyama Onsen Keiunkan y lo regenta la misma familia desde hace más de 52 generaciones.

- Los japoneses llaman a comer por aburrimiento "Kuchi Zamishi". Dicen que se come aunque no se tenga hambre porque la boca está sola. Un sentimiento comprensible.

- El rascacielos más alto del mundo es el Burj Khalifa de Dubai. Mide más de 828,80 metros y alberga numerosas oficinas y actividades de ocio.

- Está prohibido sobrevolar el Taj Mahal porque la contaminación de los aviones podría afectar al mármol blanco del que está hecho el edificio.

- La ciudad más antigua del mundo que sigue en pie es Damasco (Siria). Las investigaciones sugieren que Damasco fue habitada por primera vez alrededor del 8.000-10.000 a.C. ¡Vaya, qué antigüedad! Quién sabe cuántas cosas interesantes habrá.

- El país con mayor población del mundo es China. Tiene unos 1.426 millones de habitantes. Sin embargo, se espera que India arrebate este título a China en los próximos años.

O Bangkok es conocida por su cultura de comida callejera y fue nombrada la mejor ciudad del mundo para comer en la calle por la CNN en 2017. Hay numerosos vendedores de comida callejera en Bangkok que ofrecen una amplia variedad de platos deliciosos y asequibles, lo que la convierte en un destino popular para los amantes de la gastronomía. ¿Te gusta descubrir nuevos alimentos?

O Arabia Saudí no tiene lagos ni ríos permanentes, por lo que es un país desértico. Tampoco llueve mucho para crear charcos de agua duraderos.

O El volcán Taal, situado en Filipinas, es uno de los volcanes activos más pequeños del mundo, con una altura de sólo 311 metros. A pesar de su pequeño tamaño, sigue siendo considerado uno de los volcanes más peligrosos del mundo debido a sus frecuentes erupciones y a su proximidad a zonas pobladas.

O Mongolia es un lugar bastante peligroso en cuanto a terremotos. Hubo 56 en 2020 y 255 en 2021. Estas son las malas noticias. La buena noticia es que Mongolia tiene una baja densidad de población, menos de tres millones y medio, por lo que los terremotos no son tan destructivos como lo serían en una zona muy poblada. Los frecuentes temblores siguen considerándose un riesgo importante para los ciudadanos.

O China ostenta el récord de ser el Estado con más países vecinos del mundo. Nada menos que 14: India, Pakistán, Afganistán, Tayikistán, Kirguistán, Kazajstán, Mongolia, Rusia, Corea del Norte, Vietnam, Laos, Myanmar, Bután y Nepal.

África

○ ¿Sabías que África, atravesada tanto por el ecuador como por el meridiano de Greenwich, forma parte de los cuatro hemisferios?

○ Puede que la Antártida sea el mayor desierto del mundo, pero el Sáhara es el mayor desierto cálido del mundo. ¿Sabías que sólo una cuarta parte del desierto del Sáhara es de arena? El resto está cubierto principalmente de grava, pero también hay montañas y oasis.

○ La arena del desierto del Sahara viaja regularmente con el viento hasta la selva amazónica, donde actúa como una especie de abono para los árboles y plantas de la selva. El polvo de África puede incluso llegar a Florida viajando con los vientos a través del Océano Atlántico.

O Casi el 95% de los diamantes y el 50% del oro del mundo proceden de África.

O ¿Te gusta el chocolate? Pues tienes que agradecer a África que te proporcione la mayor parte. Hasta el 70% de las habas de cacao del mundo (utilizadas para hacer chocolate) proceden de África.

O ¿Sabías que los primeros ejemplares conocidos de homo sapiens (seres humanos) proceden de África? Por eso África recibe el sobrenombre de "cuna de la humanidad".

O En África se hablan más de 2.000 lenguas diferentes. Debe de ser todo un problema hacerse entender cuando se viaja por ese continente.

O ¿Cuál crees que es el animal más peligroso de África? ¿El león? La respuesta podría sorprenderle. En realidad, ¡es el hipopótamo! Los hipopótamos atacan a más personas que cualquier otro animal del continente. Así que, ¡aléjate de ellos si alguna vez haces un viaje a África!

América

O El mayor lago artificial se encuentra en Estados Unidos. Se trata del lago Mead, en Nevada, que se extiende a lo largo de 180 km y tiene una capacidad de 35.000 millones de metros cúbicos, un litoral de 1221 km y una profundidad de 162 m.

○ El monte Thor, en Canadá, tiene la pared vertical más alta del mundo: unos impresionantes 1.250 metros y una inclinación media de 105°. ¡Y qué nombre más chulo!

○ Más de 40 rascacielos de Nueva York tienen su propio código postal, entre ellos el Empire State Building. Los edificios tienen su propio código postal tanto por su altura como por el número de personas que los ocupan.

○ Ciudad de México se hunde lentamente porque se construyó sobre un lago. En los últimos 60 años se ha hundido casi 3 metros.

○ Alaska es a la vez el estado más oriental y el más occidental. Algunas partes de Alaska se encuentran en el hemisferio occidental, mientras que otras se extienden hasta el hemisferio oriental.

○ Hawai es el único estado de Estados Unidos que cultiva café con fines comerciales, y su exclusivo café Kona es muy apreciado por su sabor y rico aroma. El café se cultiva en las laderas del Mauna Loa, uno de los cinco volcanes que forman la Isla Grande de Hawai. La combinación del rico suelo volcánico de la isla, el clima soleado y la abundante pluviosidad proporciona las condiciones ideales para el cultivo del café.

○ México supera a Egipto en pirámides: ¡la pirámide más grande, la de Cholula, se encuentra de hecho en México!

○ El nombre completo de Los Ángeles es "El Pueblo de Nuestra Señora la Reina de Los Ángeles de Porciúncula". ¡Menudo nombre!

○ En Estados Unidos hay un lugar llamado Four Corners, la intersección de cuatro estados: Utah, Arizona, Colorado y Nuevo México. ¿Ha estado alguna vez en cuatro estados al mismo tiempo?

○ En realidad, Canadá está al sur de Detroit. Si miras un mapa verás que la ciudad de Detroit se encuentra al norte de Canadá. Compruébelo usted mismo.

○ El Valle de la Muerte, en California, ha registrado la temperatura más alta del mundo. El 10 de julio de 1913 alcanzó oficialmente los 57° C.

○ La Fosa de las Marianas alberga algunas de las criaturas más extremas y extrañas del mundo. Por ejemplo, en 2014 se descubrió el "pez caracol", un pez capaz de soportar la inmensa presión de la fosa.

○ Estados Unidos es el país con más estados del mundo. En Estados Unidos hay 50 estados, mientras que en Europa sólo hay un país con estados. Se trata de Alemania, que sólo tiene 16 estados federales.

○ ¿Sabía que Ciudad de México se construyó sobre un lago? De hecho, la capital mexicana se encuentra en la cuenca desecada del lago Texcoco.

○ Kentucky alberga el mayor número de cuevas del mundo. Se conocen como el sistema de cuevas del Mamut y están encerradas en un parque nacional. Se han explorado casi 650 km de cuevas, pero el parque calcula que puede haber otros 1.000.

○ ¿Sabías que se puede ir andando desde Rusia hasta Estados Unidos? Frente a Alaska hay, de hecho, dos islas que pertenecen a los dos países. La distancia entre ellas es de poco más de tres kilómetros: a veces el mar se hiela y es posible caminar de una isla a la otra.

○ En Estados Unidos, hay una ciudad que sólo tiene un ciudadano. Se trata de Monowi, Nebraska, de la que Elsie Eiler, de 84 años, es alcaldesa, bibliotecaria, secretaria y tesorera. Es la única persona que queda en la pequeña ciudad.

○ Seguro que si piensas en Hawai, lo último que te viene a la mente es la nieve. Pero, ¿sabías que puedes nevar en Hawai? En los volcanes de más de 3.000 m de altura puede haber nieve. Esto incluye el Haleakala, el Mauna Loa y el Mauna Kea.

○ ¿Sabías que los huevos Kinder son ilegales en Estados Unidos? Esto se debe a que una ley de 1938 prohíbe la venta en América de alimentos que contengan productos no comestibles en su interior.

○ El mayor cañón del mundo es el Gran Cañón de Arizona, una inmensa garganta de unos 446 kilómetros de largo, hasta 1.857 metros de profundidad y una anchura que oscila entre los 500 metros y los 29 kilómetros.

○ La frontera internacional más larga es la que separa Estados Unidos de Canadá, con 8,89 kilómetros. Imagínese cuántos puestos de control debe haber.

○ California es el estado más cercano a Hawai, pero Hawai es el estado más alejado de California. ¡Vuélvete loco!

○ Los osos polares viven en el norte de Canadá. La mayoría vive en el hielo marino que rodea las islas árticas de Canadá.

○ Hablando de Canadá, ¿sabías que hay más habitantes en el estado de California que en todo Canadá?

○ Anchorage (Alaska) es uno de los mayores centros mundiales de comunicaciones, ya que es el único lugar situado a menos de 10 horas de Norteamérica, Europa y Asia.

O En Ohio, hay un lugar llamado Crystal Cave que está lleno de -lo has adivinado- ¡cristales! No es un lugar enorme, pero sí lo bastante grande como para que entren unas 30 personas a la vez. Técnicamente se conoce como "geoda", es decir, una cavidad de roca revestida de cristales. Algunas miden casi un metro de ancho y medio de largo.

O Canadá tiene más lagos que el resto del mundo junto, con 563 lagos. Casi el 9% de la superficie de Canadá está cubierta por lagos de agua dulce. El más grande se llama Lago Superior, un nombre muy apropiado.

O Probablemente haya oído hablar de las famosas cataratas del Niágara, en Estados Unidos; en realidad, sin embargo, no son muy altas, apenas 50 metros. Una cascada que tiene una caída impresionante es el Salto Ángel, en Venezuela; es la más alta del mundo, con más de 800 m de caída. ¡Vaya! ¡No es un lugar desde el que me gustaría caer!

O Cuba es la única isla del Caribe que tiene ferrocarril. Tiene 29 km de longitud y conecta La Habana con Santiago de Cuba.

O En el Bosque Nacional de Malheur, en Oregón (EE UU), hay una seta gigante con un sistema de raíces que cubre casi 9 kilómetros cuadrados. Este gran hongo está considerado el mayor organismo vivo del mundo.

O Si quieres ver arco iris, ¡vete a Hawai! La falta de contaminación atmosférica y el agua hacen que en Hawaii haya preciosos arco iris.

O ¿Te gusta el ciclismo? Deberías ir a Canadá, donde encontrarás la ruta ciclista más larga del mundo, 24.000 km ininterrumpidos sin coches que conectan 15.000 comunidades desde Labrador hasta Vancouver.

O El ave oficial de Redondo Beach, California, es el dirigible Goodyear. Aunque icónico, es difícil clasificarlo como ave, ¡pero eso es exactamente lo que hicieron en la ciudad californiana! Por cierto, ¿sabías que sólo hay diez dirigibles Goodyear en el mundo?

Europa

○ La Torre Eiffel, una de las atracciones más emblemáticas de Francia, se construyó originalmente como estructura temporal para la Exposición Universal de 1889. Tras la exposición estuvo a punto de ser derribada, pero se salvó porque resultó útil como torre de radio. Hoy es uno de los monumentos más visitados y reconocibles del mundo.

○ Francia es el país más visitado del mundo. Esto se debe a París y a sus numerosas atracciones turísticas. ¿Ha estado alguna vez allí?

○ Suecia es el único país del mundo donde el derecho de acceso público, o Allemansrätten, permite a cualquiera vagar libremente por la naturaleza, bañarse en lagos y ríos y acampar durante la noche, independientemente de quién sea el propietario del terreno.

○ En Suecia, los donantes de sangre reciben un aviso cuando se utiliza su sangre, lo que demuestra que su contribución ha sido útil. Reciben un bonito mensaje de texto que dice: "Gracias, la sangre que has donado está siendo útil para un paciente. Saludos cordiales, Centro de Sangre".

○ Sólo unas 1.000 de las 221.800 islas que rodean Suecia están habitadas. Suecia es el país con mayor número de islas, pero casi nadie vive en ellas. Algunas de estas islas ni siquiera están abiertas al público.

○ El Vesubio es el único volcán activo del continente europeo, aunque hay otros volcanes en países como Islandia. El Vesubio es conocido desde hace siglos. La última erupción fue en 1944 y antes en 1631. Es más famoso por haber entrado en erupción en la época romana, sepultando las ciudades de Pompeya y Herculano. Lamentablemente, los restos de los habitantes de ambas ciudades fueron descubiertos en tiempos más modernos preservados por las cenizas del volcán.

○ La isla de los Faisanes cambia de soberanía cada seis meses. España la gobierna seis meses al año, luego Francia los seis meses siguientes. ¡Ojalá todos los países pudieran llegar a acuerdos tan amistosos!

○ Las góndolas venecianas sólo pueden pintarse de negro. Este color se impuso a partir de 1609 por decreto del Senado veneciano para limitar la excesiva ostentación en la decoración de las góndolas.

○ La superficie de Rusia es mayor que la del planeta Plutón. La superficie de Plutón es de 16,7 millones de kilómetros cuadrados, mientras que la de Rusia es de algo menos de 17,1 millones.

○ Rusia es el país más grande del mundo. Tardaríamos mucho tiempo en explorarlo. Tiene una superficie total de 17.100.000 kilómetros cuadrados, lo que equivale aproximadamente al 11% de la masa terrestre total.

○ El ferrocarril ruso atraviesa 8 husos horarios diferentes. Con más de 9.288 kilómetros, es la línea ferroviaria directa más larga del mundo. Se tardaron 25 años en terminar su construcción.

○ Debido a su conformación, Noruega se encuentra al norte, sur, este y oeste de Finlandia. Mire un mapa y compruébalo tú mismo.

○ Noruega es el lugar ideal si quieres ver el sol de medianoche. Hay lugares en la Tierra cerca del Ártico donde es posible ver el sol de medianoche: Noruega es uno de ellos. El atardecer y el amanecer se convierten en uno. ¡Suena realmente espeluznante!

○ El animal nacional de Escocia es el unicornio. En la mitología celta, los unicornios eran símbolos de pureza e inocencia, pero también de masculinidad y poder. Los unicornios son el tema de muchas historias, la mayoría de ellas sobre caballerosidad y dominación, lo que les ayudó a ganarse su lugar como animal nacional de Escocia.

○ El vuelo más corto del mundo dura sólo un minuto. Con buen tiempo, dura exactamente 57 segundos y recorre una distancia de sólo 2,7 km. Puede tomar este vuelo desde Westray a Papa Westray, Escocia.

○ En Escocia hay 421 formas de decir la palabra "nieve". Algunos ejemplos son "sneesl", que significa empezar a nevar, o "feefle", que significa arremolinarse.

○ El Vaticano es el Estado más pequeño del mundo. De hecho, la Ciudad del Vaticano es a la vez una ciudad y un país. Sólo tiene 440.000 m², ni siquiera una cuarta parte del tamaño del segundo país más pequeño del mundo, Múnich.

○ Islandia crece unos 5 cm cada año. Esto se debe a que las placas tectónicas euroasiática y americana se encuentran en la fisura volcánica de la isla. La fisura se ensancha en el punto de encuentro de las placas tectónicas.

○ Estambul es la única gran ciudad del mundo situada en dos continentes distintos. Una parte está en Europa y la otra en Asia. Generalmente se considera europea, aunque parte de ella se extiende hasta Asia.

○ Irlanda es famosa por su hermoso paisaje verde. Esto se debe a que el país se encuentra en medio de la corriente del Golfo, que trae aguas cálidas desde México. Por esta razón, el clima de Irlanda suele ser suave y las precipitaciones abundantes. No es de extrañar que los campos y las colinas tengan un aspecto tan hermoso.

○ El Imperio Británico fue uno de los mayores de la historia del mundo, con 13,7 millones de kilómetros cuadrados de territorio. Es decir, casi una cuarta parte de la superficie terrestre.

○ Todos conocemos la Torre Inclinada de Pisa, ¿verdad? ¿Sabías que nunca ha estado erguida? Desde el mismo momento en que empezaron a construirla, la torre empezó a inclinarse debido a la inestabilidad del suelo y a la debilidad de los cimientos.

○ ¿Sabías que en Groenlandia hay plantas fosilizadas bajo 1,4 km de hielo? Esto significa que antes no había hielo en Groenlandia, probablemente en el último millón de años aproximadamente.

○ Uno pensaría que las Islas Canarias se llaman como los canarios, ¿verdad? Pero en español el nombre de la isla es Islas Canarias, que viene del latín Canariae Isulae que significa "Islas de Perros".

○ La mejor ciudad para ir en bicicleta es Copenhague, considerada la ciudad más ciclista del mundo. Tiene muchos carriles bici y se dice que la mayoría de la gente se desplaza a pie o en bicicleta antes que en coche.

○ Italia es el país con mayor número de lugares declarados Patrimonio de la Humanidad por la UNESCO. Hay 55 reconocidos y 12 en la lista representativa del patrimonio cultural inmaterial.

○ En Alemania hay un puente hecho de Lego. Se llama Lego-Brücke, que significa Puente de Lego. Se encuentra en Wuppertal, en la región alemana de Renania-Westfalia. Los bloques que lo componen son jumbos de Lego sobre los que se puede caminar.

○ El monarca de Inglaterra es el propietario de todos los cisnes del país. Técnicamente, el rey o la reina no los poseen ni los tienen como mascotas, pero si alguna vez quisieran reclamar uno como suyo, bien podrían hacerlo.

Oceanía

○ El topónimo más largo del mundo en lengua inglesa es "Taumat-awhakatangihangakoauauotamateaturipukakapikimaungahoro-nukupokaiwhenuakitanatahu". Es el nombre de una colina de Nueva Zelanda. Con un nombre así, ¡debería ser una montaña enorme!

○ En Australia hay lagos de color rosa. Este color único se debe a una mezcla de algas, alobacterias y otros microbios. Además, los lagos rosas de Australia son tan salados como el Mar Muerto. ¿Te bañarías en ellos?

○ Australia es famosa por tener un arrecife en forma de corazón que forma parte de la Gran Barrera de Coral. ¡Qué bonito!

○ Australia es más grande que la Luna. La Luna tiene un diámetro de unos 3.400 km, mientras que Australia tiene un diámetro de 4.000 km.

○ Papúa Nueva Guinea ostenta el récord de mayor número de lenguas habladas en un solo país. De hecho, en el país se hablan 839 lenguas vivas.

○ Australia alberga los animales más mortíferos del mundo. Entre ellos, la serpiente más mortífera del mundo y 20 de las 25 serpientes más venenosas. También alberga algunas de las diez especies más venenosas del mundo, como la medusa cubozoo.

Antártida

○ La Antártida registra las temperaturas más frías jamás registradas: -89,6 grados centígrados, mientras que la temperatura media en el Polo Sur es de unos -49 grados centígrados.

○ La Antártida alberga cerca del 70% del agua dulce del planeta en forma de glaciares y capas de hielo.

○ Si te interesan los meteoritos, ¡la Antártida es el lugar ideal para encontrarlos! Como todo es tan blanco, los trozos de roca espacial y mineral de hierro, que suelen ser oscuros, se distinguen fácilmente. Además, el hielo a la deriva transporta meteoritos a las mismas zonas, lo que facilita su localización. En los últimos cien años se han encontrado más de 45.000 meteoritos.

○ Gracias al hielo, la Antártida es el continente más alto de todos, con una altitud media de 2.300 metros sobre el nivel del mar. A pesar de la dureza de su entorno, la Antártida alberga una gran variedad de animales salvajes, como pingüinos, focas y ballenas, así como una amplia gama de microorganismos.

Magnitudes del globo

○ Existe una diferencia entre geografía física y geografía cultural. La geografía cultural también se llama geografía humana porque trata de cómo interactúan los seres humanos con su entorno. Mientras que la geografía física es simplemente el aspecto del paisaje y las ciudades y sus características.

O En las profundidades de la Tierra hay oro suficiente para cubrirla por completo, o al menos esa es la estimación del geólogo Bernard Wood, de la Universidad Macquarie. Según él, podría haber 1,6 cuatrillones de toneladas de oro ahí abajo. Pero, por desgracia, no podemos llegar a él: se cree que se hundió en el centro de la Tierra hace miles de millones de años, cuando se formó el planeta.

O El término "geografía" fue acuñado en el siglo III a.C. por un griego llamado Eratóstenes, que inventó un sistema de longitud y latitud y elaboró un mapa del mundo conocido. Por supuesto, no conocía todos los países y continentes, pero sigue siendo una obra impresionante.

○ El primer meridiano determina las zonas horarias de otros países. Establece la hora civil (UTC). El UTC es el estándar de la hora y todos los países y regiones miden sus husos horarios de acuerdo con él.

○ Oceanía es el continente más pequeño del mundo, mientras que Asia es el más grande. Ordenados de mayor a menor, los continentes son Asia, África, América del Norte, América del Sur, Antártida, Europa y, por último, Oceanía.

○ A pesar de la creencia popular, el Everest no es la montaña más alta del mundo. El título de montaña más alta del mundo le pertenece, con 8.849 m sobre el nivel del mar, pero la montaña más alta de la Tierra, medida desde su base, es el volcán Mauna Kea, en la isla de Hawai.

○ El océano Pacífico se encoge aproximadamente un centímetro cada año. Esto se debe a que las placas tectónicas sobre las que descansan las Américas son empujadas hacia el oeste.

○ El mar de los Sargazos es el único mar sin costa. Es un mar definido no por la tierra que lo rodea, sino por las cuatro corrientes oceánicas que lo circundan. Limita al norte con la corriente del Atlántico Norte, al oeste con la corriente del Golfo, al este con la corriente de Canarias y al sur con la corriente ecuatorial del Atlántico Norte.

○ El Polo Norte magnético está en constante movimiento. Geográficamente, el Polo Norte es diferente del Polo Norte magnético, que se conoce como norte verdadero. El Polo Norte magnético solía moverse unos 14,5 kilómetros al año, pero en los últimos tiempos su velocidad ha aumentado, desplazándose unos 50-60 kilómetros al año.

○ El lugar menos accesible de la Tierra es el Punto Nemo. Se le conoce oficialmente como el "polo oceánico de la inaccesibilidad". El Punto Nemo es el punto del océano más alejado de tierra firme, rodeado por más de

1.600 km de océano en todas direcciones. Si usted visitara el Punto Nemo, estaría más cerca de la Estación Espacial que de cualquier país o isla.

○ Los continentes se desplazan aproximadamente un centímetro al año y los culpables son siempre ellos: las placas tectónicas que están en constante movimiento y provocan el desplazamiento de las masas continentales.

○ ¿Sabías que en el Océano Pacífico hay un lugar llamado "Anillo de Fuego"? Se trata de una serie de volcanes y lugares de actividad sísmica, o terremotos, que rodean los bordes del océano Pacífico. Cerca del 90% de los terremotos del mundo se producen a lo largo del Anillo de Fuego, que alberga alrededor del 75% de todos los volcanes activos.

○ ¿Has oído hablar alguna vez del Triángulo de las Bermudas? Se trata de una franja del océano Atlántico rodeada por Miami, las Bermudas y Puerto Rico, donde han desaparecido decenas de aviones y barcos. Muchos sostienen que hay explicaciones perfectamente racionales, como el mal tiempo o los accidentes, pero otras personas han especulado con que los barcos y aviones fueron raptados por ovnis o ¡pasaron a otras dimensiones! Las brújulas también fallan allí, lo que dificulta la navegación.

○ El centro del núcleo de la Tierra está tan caliente como la superficie del Sol, es decir, a unos 6.000 grados centígrados. La parte más caliente del núcleo se llama discontinuidad de Bullen; es allí donde se alcanzan los 6.000 grados Celsius.

○ Sólo podemos utilizar una fracción del agua de la Tierra. Esto parece extraño, dado que alrededor del 70% de nuestro planeta es agua, pero la mayor parte de esta agua es salada. Los seres humanos sólo podemos utilizar el 0,007% del agua de la Tierra, es decir, los glaciares y las fuentes de agua dulce.

○ El océano Pacífico es el más grande de todos y cubre unos 63 millones de kilómetros cuadrados.

○ Todos los continentes de la Tierra fueron una vez un continente enorme llamado Pangea. Esto ocurrió hace millones de años. Con el tiempo, Pangea empezó a separarse y a transformarse en los continentes actuales.

○ Un aspecto interesante de los desiertos es que, a pesar de su entorno árido e inhóspito, albergan una asombrosa variedad de plantas y animales, como cactus, suculentas, reptiles, aves e incluso algunos mamíferos como camellos y coyotes. Algunas de estas especies han puesto en práctica estrategias de adaptación únicas para sobrevivir al calor extremo, como almacenar agua en sus tejidos o excavar bajo tierra para escapar de los intensos rayos del sol.

○ La parte más profunda del océano es un lugar aterrador llamado el Abismo Challenger, que se encuentra en el Océano Pacífico y tiene una profundidad de 10.902-10.929 m. Los científicos aún no conocen todas las extrañas criaturas que podrían vivir allí abajo.

○ El fondo Challenger es tan profundo que se podría meter el Everest. Claro que el Everest podría ser un poco pesado de llevar hasta allí.

○ ¿Sabías que en Islandia hay una ciudad llamada Hvítárvatn, considerada el lugar habitado más frío de Europa? La temperatura puede descender hasta -40 °C durante el invierno, lo que la convierte en uno de los lugares más extremos del mundo para vivir. A pesar de las duras condiciones, algunos lugareños resistentes siguen considerándolo su hogar.

○ El Polo Norte a veces se desplaza unos 80 km en un día. Esto se debe a que es magnético y reacciona al núcleo de hierro de la Tierra.

O Hay países, como el Vaticano, que no tienen acceso al mar. Actualmente hay 44 países oficiales sin acceso al mar, y hay otros cuatro que no están reconocidos oficialmente por todo el mundo. Kazajstán es el mayor país sin salida al mar.

O ¡La altura de las montañas del Himalaya aumenta cada año! La causa es la misma por la que se desplazan los Estados y los continentes: el movimiento de las placas tectónicas.

O El monte Everest es cada vez más alto. De hecho, la última medición realizada fue diferente de la anterior. Es posible que el Everest se haya elevado un poco debido al movimiento de las placas.

O El Everest no es la montaña más cercana al espacio, a pesar de ser la más alta. Esto depende de dónde se encuentre. La cima del volcán Chimborazo, en Ecuador, es el punto de la Tierra más cercano al espacio.

O ¿Sabías que toda la población del mundo podría caber cómodamente en Los Ángeles si todos se apiñaran y se pusieran hombro con hombro? Tal vez estaría un poco abarrotada.

O Los gemelos son cada vez más frecuentes. Los estudios han demostrado que en el último siglo han nacido más gemelos que nunca; de hecho, en los últimos 30 años han nacido unos 865.000 gemelos más que en los 30 años anteriores.

O En Cuba no se puede comprar Coca-Cola: debido al embargo comercial y a las sanciones, es ilegal adquirirla. Sin embargo, algunas personas aún consiguen hacerse con la sabrosa bebida.

O Los estudios han demostrado que en Indonesia viven algunas de las personas más bajas del mundo. Por lo general, los hombres indonesios miden alrededor de un metro y medio, mientras que las mujeres miden una media de un metro y medio.

○ ¿Sabías que cada minuto se producen unos 250 nacimientos? O incluso 4,5 nacimientos por segundo. Es decir, ¡más de 130 millones de bebés al año!

○ La población mundial actual representa sólo el 7% del número total de personas que han existido jamás. Piensa en todas las personas que han vivido en la Tierra.

○ El nombre más popular del mundo es Mahoma. Se calcula que 150 millones de niños recibieron este nombre en 2014. Su origen es árabe y significa "alabado" o "digno de toda alabanza".

○ Solo hay tres países que utilizan el color morado en sus banderas: Nicaragua, El Salvador y Dominica. Esto se debe a que el tinte morado era muy caro en aquella época, por lo que resultaba difícil hacer banderas de ese color. El tinte morado era tan caro que solía reservarse a reyes y emperadores. Pero ¿sabías que el tinte morado se creaba antiguamente a partir de la mucosidad de los caracoles marinos? No suena muy regio.

○ En África y Asia vive casi el 90% de la población rural del mundo. Rural significa los asentamientos situados en el campo y no en la ciudad. En la actualidad, cerca del 50% de Asia es urbana, mientras que el 50% restante es rural. Mientras que la mayor parte de África es rural. ¿Y usted vive en el campo o en la ciudad?

○ Algunos países son muy antiguos, ¡algunos incluso tienen miles de años! Pero ¿sabías que Sudán del Sur es el país más joven del mundo? No obtuvo la independencia hasta 2011.

○ Hay más de 24 husos horarios en el mundo. Puede que en la escuela hayas aprendido que solo hay 24, pero hay algunos que solo difieren en unos 30 minutos. La diferencia es tan pequeña que no se cuentan como verdaderos husos horarios. Pero si las cuentas, ¡son mucho más de 24!

○ Hasta 43 países del mundo tienen una familia real. Hay 28 familias reales reinando en estos 43 países. Esto se debe a que la monarquía del Reino Unido es también la familia real de otros 15 países, ¡incluidos Australia y Canadá!

○ El Reloj de la Población Mundial es un sitio web que realiza un seguimiento de la población mundial en tiempo real. Así, si nace una persona, se añade al Reloj de la Población Mundial y, como cada día nacen unos 385.000 bebés, el reloj se actualiza constantemente. Puede consultarlo en línea y ver cómo sube y baja.

○ El idioma más hablado del mundo no es el inglés, sino el chino mandarín. Esto se debe a que la mayor parte de la población mundial vive en China, donde se habla chino mandarín. Quizá haya llegado el momento de aprender mandarín.

○ Aproximadamente una de cada 200 personas podría ser descendiente de Gengis Kan. Los investigadores calculan que se trata del 8% de los hombres de la región del antiguo imperio mongol, que se extendía por toda Asia.

○ Sólo hay 41 países que consideran el lenguaje de signos como lengua oficial. Veintiséis de estos países están en Europa. Diversos grupos de derechos humanos luchan por el uso de la lengua de signos en todo el mundo, e incluso presionan para que se enseñe en las escuelas.

○ Sólo alrededor del 86% de los adultos del mundo están alfabetizados, es decir, saben leer y escribir, mientras que entre los jóvenes de 15 a 24 años el porcentaje se eleva al 91%. Los hombres están más alfabetizados que las mujeres, pero esta situación está cambiando rápidamente gracias a la difusión de una educación cada vez más igualitaria.

◯ Tokio es la ciudad más poblada del mundo, con más de 37 millones de habitantes. Eso sí, no es la ciudad más grande del planeta, ¡sólo tiene el mayor número de habitantes! La ciudad más grande de la historia es Eeyou James Bay (Canadá).

Hasta La Vista, Al Vita Zein, ¡eso es todo amigos!

Vaya, qué datos más locos, ¿verdad? ¿Cuáles son tus favoritos? ¡Seguro que algunos te han parecido increíbles! Es fascinante pensar cuántas cosas nos quedan por descubrir sobre nuestro universo. ¿Te ha inspirado la lectura de este libro el deseo de saber más? Quizá te conviertas en el próximo gran científico, explorador espacial, experto en animales, inventor, estrella del deporte o persona famosa que realice una hazaña extraordinaria o descubra algo extraordinario. ¡El universo está lleno de cosas asombrosas por descubrir!

Esperando que nos volvamos a ver, les dejo con una última trivialidad. Aloha en hawaiano significa tanto hola como adiós. Así que, de momento, esto es un adiós, pero puede que nos volvamos a ver pronto. ¡Aloha, amigos!

www.ingramcontent.com/pod-product-compliance
Lightning Source LLC
Chambersburg PA
CBHW081356150726
48196CB00005BA/514